中国封建社会法律思想史简论

李远华 著

中国政法大学出版社

2013·北京

图书在版编目（CIP）数据

中国封建社会法律思想史简论/李远华著．— 北京：中国政法大学出版社，2013.1
ISBN 978-7-5620-4619-6

Ⅰ.①中… Ⅱ.①李… Ⅲ.①封建社会-法律-思想史-中国 Ⅳ.①D909.22

中国版本图书馆CIP数据核字（2013）第012314号

书　　名	中国封建社会法律思想史简论
	ZHongGuo FengJianSHeHui FaLü SiXiangSHi JianLun
出版发行	中国政法大学出版社（北京市海淀区西土城路25号）
	北京100088信箱8034分箱　　邮政编码100088
	邮箱 zhengfadch@126.com
	http://www.cuplpress.com（网络实名：中国政法大学出版社）
	（010）58908586（编辑室）58908285（总编室）58908334（邮购部）
承　　印	固安华明印刷厂
规　　格	880mm×1230mm　　32开本　　6印张　　145千字
版　　本	2013年4月第1版　2013年4月第1次印刷
书　　号	ISBN 978-7-5620-4619-6/D·4579
定　　价	19.00元
声　　明	1. 版权所有，侵权必究。
	2. 如有缺页、倒装问题，由印刷厂负责退换。

序 言

  自近代以来,特别是鸦片战争清政府战败后,整个民族包括以士大夫为主体的知识阶层普遍感受到以夷变夏、天下兴亡的巨大历史灾难和危机,亡国与亡天下的历史课题又以一种西方殖民侵略、西学东渐的全新课题与时代背景展现在现实面前。应对这一前所未有的历史挑战,作为中华文化主体的中国人必然既要在客观实践层面承担起救亡图存、富国强兵、驱逐鞑虏,又要在主观精神层面继承和发扬中华文化传统——无论是礼教纲常、国学内核与外形还是整个民族的特有的生存实践等都可以成为传统——双重任务和使命。针对前一个使命问题,从鸦片战争到新中国建立,足足用了一百余年时间,中华民族同仇敌忾、万众一心,经过无数次艰苦卓绝、惊天动地的反帝、反封建专制、反官僚垄断资产阶级的斗争,进行了民主主义的社会革命,实际上就是孙中山先生所说的民族、民权、民生的伟大革命与变革。当全中国人民以新姿态、新面貌建立新中国,走进和平与安宁的共和时代,天子、垄断家族、列强殖民侵略等话语系统似乎作为一种他者成为历史片段,成为一种已经被新时代新话语结构遗忘的客体。

  但是,在精神、思想文化领域,来源于日常生活的中华民族历史文化传统,包括传统文明特有符号、价值与意义是否以一种崭新的姿态,融合进共和国人民日常践履与精神自觉的活的话语系统、行动结构中了;或者说一种连接了中国历来文化传统与现代西方文明的推陈出新、体用合一、一以贯之的精神的中华文明站立起来了吗？答案是否定的。从这个意义上说，波澜壮阔、无数志士仁人呕心沥血、马革裹尸的悲情奋争最终只是挽救了中华民族的一个躯壳，一个备受疾病摧残之垂死肉身，而它特有的灵魂也同样因为这样历史大变局受到了精神的惊惧、灵魂的恐吓、岁月的折磨，不再如同"天何言哉？四时行焉，百物生焉"那种叙事语境中生气灵动、智周万物的活泼与生气，它的灵魂与精神也出了问题，只不过是一直未引起人们重视，引起智者的警惕。如果说古希腊城邦在伯罗奔尼撒战后是一种庸俗的平民政治加上丧失精神价值的颓废的公民的兴起，最终被更强大的马其顿无情踩在野蛮的铁蹄之下。那么，我们也有理由相信，经历中国近代以来历史大变局的中国人，不也同样是一种文化的普遍衰退，再加上一种更加世俗化的换了面貌的官僚政治游魂。

　　落实到具体问题来看，传统与现代、古今、中西这几对相互关联、含义深刻的充盈矛盾的概念，其含义的厘清、功能的定位以及结合现今时代价值的重估，均需要我们有一种既契合时代，又顺应世势民心，同时也以存留民族性之根的思想作轨范，唯有如此，我们才能真正完成"为天地立心，为生民立命，为往圣继绝学，为万世开太平"的历史文化的使命。而这一使命的完成，必须要在不断总结前人经验教训，综合全体中华民族的贤哲精英之智慧，因应现代逝者如斯、一日千里的国际国内形势变化，做出艰苦的传统重释、知识接续与价值重构、理论创新的系统性工作，并以自己的一小点成绩作为对这种伟大历史工作展开的贡献。简而言之，中华文化的现代化问题，具体落实到法学领域，就是法治与宪政道路选择问题。如何选择，如何鉴别，如何思考，这些问题在中国近现代历史上经历艰难曲折的历程。不同的阶层、不同的学术群体、不同的专家学者提出过自己的见解和主张，呈现纷繁驳杂的总体面貌，概括历史上的这些不同的观点，主要可以分为以下几种思路或者途径选择：一是主张中华文明现代化应该走俄国人的路，完全照搬俄国人的现成套路；二是走启蒙与全盘西化的道路；三是"中体西用"。第一条路经过历史证明是失败了；走启蒙和全盘西化的路，彻底打倒孔家店，抛弃中华文化传统，其实是在特定时期中国人面对西方列强危机和迅速实现国富民强的一种过激反映，经过当代文化反思，被证明是一种传统文明虚无主义的浅薄导致的错误。就第三条路来看，"中体西用"个中文字涵义在历史上有很多种解释：在洋务派看来，"体"就是中国的传统的伦理纲常、礼制秩序、政治体制，"用"就是西方的科学技术、科学生产管理制度以及部分涉及适应现代社会的法律与政治制度；在以康有为、梁启超等位代表的改良派看来，"体"就是指"君主与皇权"，"用"即是在不动摇皇权的前提下，对中国政治、经济、社会制度作出符合资产阶级民主法治道路的根本改革，其精神理路即接宋儒的"法圣人之所以为法"的思路，将圣人精神内核理解为"因时设教，以利民为本"，发掘传统圣人王道的根本精神为改革提供理论支撑。值得注意的是，特别是以梁漱溟、熊十力、牟宗三、冯友兰、徐复观、张君劢等为代表的新儒家，继承宋明儒学的优良传统，主张超越近人对中华文化现代化特别是儒家现代化转型的思考路径，借鉴西方哲学的基本逻辑和基本框架，重新阐发中国儒学的一些基本命题，并赋予其时代意义，为传统儒学寻现代化的根基与依据，重建传统精神内核，为当代中国现代化知识话语和价值立心。

每个人都是处在一定的时空场域之中的一个有限的此在，但是只有深入领悟漫长历史长河的此在才真正了解其生活世界现象的历史脉络,各种表现符号的意义和价值,以及如何进行基于对照比较之上的反思与取舍,大多数此在都是一种如海德格尔所称谓的"常人"。而我们以及和我们同时代的其他人,都处于历史的绵延之流,正如柏格森所说:"我们生活在我们自己之外,几乎看不到我们自己的任何东西,而只看到自己的鬼影,被纯绵延投入空间之无声无臭的一种阴影。所以我们的生活不在时间内展开,而在空间展开;我们不是为了我们自己而生活,而是为了外界而生活;我们不在思想而在讲话;我们不在动作而在被外界'所动作',要自由地动作即是要恢复对于自己的掌握并回到纯粹的绵延。"[1]就中国的法治进程与法治发展来说,每一个身处当前此种社会法制状况的法律职业界人士,都是一个处于中国更广阔历史发展长河绵延之流中的一个此在,我们要更好的认识当代史,就必须把握我们曾经的当代史,曾经在历史上出现过的法律现象与法律思想发展的总体脉络,才能为我们今天的法治进步作出更深刻、更有穿透性和创造性的反思,才能对时空的绵延有更清晰的认识,才能推动我们法治实践的发展。

本着以上对于中国法治发展的若干思考,试图对中国传统法律思想发展的脉络作一个总体的总体回顾与概览,以真实呈现传统中国社会法制思想发展的主要脉络与主要内容,做到思想人物与时代背景互相发明,法律制度与法律思想相互佐证,法律思想发展的历史蕴含与时代新意相互补充,全面、准确、真实的展现法律思想发展的宏观画卷。同时为了缩小我们思考和探索的范围,笔者将时间范围选择在秦汉以后迄今为止,对于先秦法律思想史,由于涉及到的理论问题和学术问题的复杂

---

[1] [法]柏格森:《时间与自由意志》,吴士栋译,商务印书馆1958年版,第150页。

性，不在本书中呈现。为了体现研究的创新性，笔者在本论著中突出以下特征：

第一，笔者编著思想史，以总结反省历史上法治思想成败得失为根本宗旨，在求真的同时求善，做到事实与价值的有机统一。以往部分法律思想史教材多注重将历史上出现的法律思想作平铺直叙的堆砌，注重法律思想介绍的全面和完整，忽略了历史内在的脉络和规则，为历史纷繁芜杂的迷津所系，往往忘记了历史的当代史性质，忘记了历史的最终价值是我们当代的参照，正如梁启超先生所言："史者何？记述人类社会赓续活动之体相，校其总成绩，求得其因果关系，以为现代一般人活动之资鉴者也。其专述中国先民之活动，供现代中国国民之资鉴者，则曰中国史。"[1]在解释学的语境中还原历史的真实，乃是一个假命题，因为历史已经过去，既无法复制，也无法真正还原，那种以为透过文字、器物的史料记载就可以穿透时空，还原历史的本来面目，只不过是工具理性思维至上的一种设想。每一代人基于自己的文化背景和个人兴趣，都会在对待历史文本的认识上掺杂或多或少的前理解和前见，阐释活动实际上已经不再是一种科学实验的一种简单的重复活动，而是带有主体价值与规则判断、选择的重新认识活动，不可能确保两个不同时代的人们对于历史的认识如科学实验结果一样完全吻合。

第二，笔者在章节安排上，将不再局限于过去教材所通行的按照朝代分别的叙述方式，笔者将秦汉以来的中国法律思想发展史具体分为以下几个阶段：秦汉、魏晋南北朝、隋唐、宋元明清这样几个时期，作这样的划分，是为了更好体现思想所产生时代的总体相似性和连续性，避免将明显具有相对同质的

---

[1] 梁启超：《中国历史研究法》，江苏文艺出版社2008年版，第5页。

时代作过于琐碎的分割，以更好的从一定的阶段对于法律思想发展的总体脉络和特征作出总结与归纳，在分段的同时，我们力图从宏观上对每个大阶段的时代背景作一定的介绍与阐述。

第三，我们力图在具体的阐述中，打破一些过去的对于法律发展史的成见和旧说，参考学术界研究的一些新成果和新进展，以改变对于中国古代法律思想发展中程式化和固定化的一些思维定式和表述模式。当然作为与社会同步和处于社会生活之中的作者不可能完全改变整个话语表述的结构，只能是试图作一些探索和尝试。

曾子曰："士不可以不弘毅，任重而道远。人以为己任，不亦重乎？死而后已，不亦远乎？"作为法律职业群体之一员，在反思现代法制状况与回顾历史上的我们的法制轨迹，无不倍感中国在当代这样一个人类历史长河中的关键节点上的责任重大，并以此自勉。中国当代的法治路径和宪政归宿，必然要建立在我们对于当代的凝重的认识，对于历史的沉重的深思，对于未来的厚重的前瞻的思考与探索的基础上，本着对于中华文化与华夏民族伟大的精神、价值、立场的坚定的信心与信任，对于西方生活方式与西方文化这种并非生于斯长于斯的外来文明的审慎借鉴与取舍，对于整个人类和个体人性的深刻自识与反思，我们坚信，华夏文明一定会在近代以来残败的老根上开出崭新的芽苗，重新引领中华民族创造一个健动灵明、生气活泼、精神焕发的文化盛世。

李远华

2012 年 12 月

目 录

序 言 ………………………………………………………… 1

第一章　秦汉时期的法律思想 ………………………… 1
第一节　秦汉法律思想的时代背景与历史地位 ………… 1
第二节　秦朝"以法治国"的法律思想与反思 ………… 7
第三节　法律儒家化的意义与局限 ……………………… 19
第四节　汉代律学发展概览 ……………………………… 33

第二章　魏晋南北朝法律思想 ………………………… 39
第一节　儒学与魏晋南北朝主流政治法律思想 ………… 40
第二节　玄学及其政治法律思想 ………………………… 56
第三节　佛教及其对魏晋南北朝政治法律思想影响 …… 68
第四节　律学及其主要政治法律思想 …………………… 80

第三章　隋唐时期法律思想 …………………………… 88
第一节　隋唐时期法律思想时代背景 …………………… 88

第二节　唐律成就与法律儒家化发展 …………………… 97
　　第三节　统治阶级法律思想概述 ……………………… 112
　　第四节　农民起义领袖法律思想 ……………………… 126

第四章　宋元明清法律思想 ……………………………… 131
　　第一节　宋元明清法律思想时代背景 ………………… 131
　　第二节　程朱理学家法律思想 ………………………… 144
　　第三节　心学家法律思想 ……………………………… 155
　　第四节　明末清初启蒙思想家法律思想述略 ………… 164

主要参考文献 …………………………………………… 173
后　记 …………………………………………………… 177

第一章 秦汉时期的法律思想

第一节 秦汉法律思想的时代背景与历史地位

一、秦汉法制的总体时代背景

秦汉时期是我国封建社会[1]的开端,开两千两百多年封建王朝历史的先河,成为中华法制文明传统的圭臬和典范,是中华文明逐步强盛的起点,是中国历史上两个长期战乱时期的一个稳定社会性征的历史阶段的集中代表,是中国古代法制文明稳态发展的一个典型。秦帝国从一个边陲小国,通过变法改制,实现富国强兵,通过不断兼并战争,实现了对于全国的武力统一,建立起第一个封建君主专制王朝。海内为郡县,法令由一

---

[1] "封建"一词其词源学上的意义与我们通常所代表的历史阶段的意义有重大差异,其本意上指的是分邦建国,裂土而治,最早见于《左传》,有"昔周公吊二叔之不咸,故封建亲戚,以蕃屏周"(《左传·僖公二十四年》),而近现代"封建社会"概念的提出,主要是受到日本译介西方文献、苏联马克思主义理论以及国人在此基础上的形成的时代认识的影响(张绪山:《拨开近百年"封建"概念的迷雾——读冯天瑜〈"封建"考论〉》),从今天的学界来看,近现代用"封建社会"来概括秦汉以来传统中国社会有失偏颇,有的学者提出将这个阶段定义为"宗法地主专制社会"、"宗法社会"以及"前资本主义社会",不一而足,尚无定论,因此旨在本书表述的前后一致,笔者将"封建社会"指称秦汉以来传统中国社会,而对于中国传统社会性质问题不作深入探讨。

统，为中华民族从长期的分裂割据走向最终统一作出了重大贡献。继起的两汉王朝，在秦帝国一统天下的基础上，通过进一步内政外交政策的调整，巩固了全国统一基础，发展了中华文明，实现了中国向西方打通国际商贸道路的对外交往步伐，一条横贯华夏与西亚、欧洲文明的丝绸之路成为中华民族与世界交通的重要渠道。这一历史时期的总体特征可以概括为以下几个方面。

（一）社会制度大变革

秦自商鞅变法以来，逐步通过制定一套改革措施，废除了长期以来的井田制，以井田制为依托的实际上是代表整个奴隶主贵族集团利益的奴隶社会制度。以商鞅变法为开端的秦国改革拉开了整个战国时期各诸侯国的整体社会制度变革，而通过变法实现富国强兵的秦帝国在军事上逐步取得了对其他各国的绝对优势，实现了武力统一。秦虽然短命而亡，然由此导致的整个社会制度的变革为后续的西汉统治者所继承。后来，虽然有郡县与封建之基本国策的大论争，但整个社会阶级、阶层结构所发生的巨大变迁是历史发展的大趋势，是所处时代的统治者不得不认同的社会基础。比如尽管在汉代还有历史残留的活人殉葬的情况，但是总体作为曾经的奴隶主私有财产的奴隶可以随意任主人进行陪葬的残暴社会制度已经一去不复返，编户齐民和中央集权统治的新社会政治与社会结构已经建立起来，成为今后漫长时期中国社会结构的一般特征。从整个封建社会长时段来看，秦汉时期实际上是社会制度实现大变革的重要转折点，没有秦汉文明，也许后来的整个封建社会制度的基础将无法想象。秦汉数百年的统治，为中国传统文明开创了一个崭新的时代，成为中国历史两个重要阶段的明显的分界线和里程碑。

(二) 地域与民族大融合

据《尚书》记载，华夏大地大致分为九州[1]，这九州不仅仅是一个地理方位概念，实际上还代表了具有各自独特的地域性政治、经济、文化等形成的文化亚区域，自夏商周三代以来，这些具有各自地方性文化特色的区域从来没有完全统一过，各自区域具有各自族群独特的语言、文字、信仰、风俗，俨然为独立王国。秦在统一六国的过程中，通过残酷的军事战争，将六国广袤领域并入其军事统治之下，通过一系列加强中央集权的措施，实现了文字、货币、度量衡、官职等的全国性统一。华夏民族在长期地域分治的文化多元的背景下，走向了新的统一，逐步实现了广阔地域的文化的大融合。秦汉帝国统一的政权，实际上同时建立在中原汉民族与边疆各少数民族的逐渐融合的基础上，秦通过残酷的征服战争和汉帝国通过与北方匈奴民族的战争、和亲，都最终加强了各兄弟民族的民族联系和团结，实际上秦汉时期是中华民族第一次实现地域与民族大融合的重要时期，是统一多民族文明得以建立与发展的重要阶段。

(三) 东西方的大交通

秦汉时期，既有抵御北方凶悍游牧民族的宏伟万里长城，同时也有敞开臂膀迎接异国文明的博大胸襟。秦帝国虽然短暂，将中华文明的号角带到祖国的万里边疆，为两汉拓展中国向西域开放的脚步奠定了统一帝国的基础。特别是张骞奉使访问西域诸国以后，从长安向西的中外经济文化交流的丝绸之路，将中原与遥远的西域乃至西欧各国人民之间的国际交往紧密连接起来。中华民族在遥远的秦汉时代已经迈出对外交流的步伐。从那时起，中华文明的发展已经离不开世界其他民族，中华文

---

[1] 按照《尚书》，九州被划分为扬、荆、豫、兖、冀、青、雍、徐、梁这九州，古人关于具体的划分方法有一些不同的观点，这里不再详述。

化的发展与成熟本身就已经融合进了世界文明的优秀经验与智慧,中华民族在创造自己灿烂古代文明的同时,也给世界上其他相关各国带来了来自东方的较为先进的文明成果,促进了东西方物质与文化交流和进步。

二、秦汉时期在中国法制史上的地位

伴随着整个中华文明的飞跃,秦汉法制文明取得了令人瞩目的成就。秦帝国虽然在统一全国后短命而亡,但是自从商鞅变法以来,秦推行法家的"以法为治"治国思路,在立法、司法、执法以及法律的解释等很多领域取得了巨大的成就。汉帝国在秦代以后,很多制度均来源于秦,法制发展整体延续了秦,在治国原则、立法思想、司法制度以及各项行政制度上,既继承了秦法制的成就,又开拓创新发展了中国传统法思想和法律制度,为中国传统法制文明推向第一个高峰。秦汉法制在中国传统法律发展进程中起着关键性作用,占有重要地位。

(一)封建社会法律文化的开拓者

战国时期的秦,在各诸侯国中争霸,在弱肉强食的复杂社会背景下,自秦孝公任用商君变法以来,不断推行以成文法为主体的社会法制变革,在各诸侯国中独树一帜,彪炳史册。法家思想深深渗透进整个帝国上至君主下至平民的几乎全部社会生活。秦在其长达一百多年的变法历程中,不断颁布各类法律文件和规范,使得整个法律体系到秦帝国灭亡前达到相当规模。虽然历经秦末农民起义,很多秦时期的成文法载体已经大都毁于战火,加上秦始皇焚书坑儒所导致的文化专断,各类法律文献损失殆尽,但从20世纪70年代以来考古发掘所出土的秦时期法律文献,如《云梦秦简》、《里耶秦简》等,为我们展现了一个秦帝国法制文明高度发展的恢宏画卷。秦帝国在统一中国的过程中,所建立起来的完善的法律制度体系，是中华民族在摆脱长期战乱割据，从法制野蛮、社会蒙昧向法制文明、文化理性转变的重要一步。这一点，在我们以前对于秦汉法制文明的认识中还未受到重视。在陈胜、吴广农民起义的硝烟过后，两汉统治者进一步从秦帝国的逐步强盛和迅速衰败的正反两方面的法制经验教训中，继承了秦所建立的完善的法律制度，同时进行了切合时代需要的转化与革新，将封建社会法制文明推向了第一个高峰。从总体而言，秦汉时代是中国封建法制文明的开拓者和奠基者。

（二）传统社会治国模式的探索者

秦汉时代是中国历史上第一个从列国分治到统一国家的大的历史时期，从分封制到郡县制的转变，是这一历史时期的鲜明特征。如何探索一条在过去周王朝分封制瓦解、社会历史巨大变迁的复杂的国内外形势下的基本治国模式，或者说用什么思想作为统治的基本国策或者思路，始终都是统治者面临的艰难选择。秦汉时期的社会治理模式，简单而言可以概括为是推行法家治国模式还是儒家的治国模式，儒家与法家两套大相径庭的治国思路在秦汉时期一直都处在争议之中，以至演变到西汉昭帝时期（公元前81年2月）召开全国盐铁会议儒法两派之间的著名辩论。综观整个秦汉时期，实际上在基本治国思路上，上层统治者实际上往往很难在儒家与法家治国思路之间划清明显界限，或者说儒家与法家并非是两个截然对立的阵营，往往是统治者重视法家时候，对于儒家的思想予以打压；而重视儒家的时候，对于法家的某些思想予以压制。儒家与法家，"礼治"派和"法治"派，任德与任刑这两条路径，在秦汉以来的整个传统的封建社会，一直都是统治者必须面对的困难抉择，贯穿于整个封建王朝的历史。

（三）走向法制统一的实践者

秦汉以前的华夏民族虽然在中央王朝的名义统治下，但是以分封制为基础的各诸侯国与中央王朝的关系是以朝觐制度联系起来地松散的联合,也就是说先秦以前的中国只是一个文化的或者地理名词,并没有将全国所有地方纳入一个统一的法制框架之下,春秋战国时期很多诸侯国的文字、货币、度量衡等均各行其是,互不相同,而秦统一全国以后,空前的在其有效军事统治区域内,推行以秦法为唯一标准的法制体系,第一次将整个华夏各民族纳入到以中央政府统一的法律统治之下,大大加速了整个中华民族从松散的地区、部落独立分治向统一、融合的国家迈进的进程。

(四)御外侵强国防法制的探索者

秦汉帝国在中国历史上另一个明显的特征就是采取有效办法抵御来自西北少数民族特别是匈奴的军事侵略,维护了国家的统一与国防安全。为实现这一目标,秦汉统治者都采取了一系列的法制措施,从政治、经济、军事、外交等各个领域建立了一套独特的配套法制体系。在政治上,秦汉时期推行中央集权的统一行政体系,将各地方原有的独立军事、政治权力收归中央,秦始皇时任丞相、御史大夫等上奏称:"昔者五帝地方千里,其外侯服夷服诸侯或朝或否,天子不能制。"[1]自秦帝国开始,统一的君主专制中央集权建立,大大加强了中央政府的权威,从巩固国防、抵御外族侵略来看具有重要意义。汉朝政权建立以后,一度受到北方以及西北匈奴等游牧民族的威胁,自汉武帝开始,采取了全国性的军事动员和准备,为消除匈奴的军事威胁,建立长久的西北稳定政治秩序,进行了长期的对外军事反击战争,取得了重大胜利,将汉帝国的统治区域大大拓展,建立了对于西域各地的行政管理制度,彻底打通了通往

---

[1] 《史记·秦始皇本纪》。

西方的丝绸之路。而这些带有长远性的军事斗争，都需要一整套行政、司法和立法等法制体系作为依托。尤其是如秦汉修建规模巨大的万里长城、汉代在西北边疆的屯田、加强与周边少数民族的交往以及巨额的军备物资的供应等等，这些方面的伟大探索为中国法制文明提供了值得借鉴的丰富经验。

第二节 秦朝"以法治国"的法律思想与反思

秦朝自商鞅变法以来，推崇法家思想，从公元前356年到公元前206年，整整150年时间，历经孝公、惠文王、武王、昭王、庄襄王、秦始皇、秦二世等七代君主，一以贯之地将商鞅开始的变法改革、"以法治国"的法律改革路线持续下来，在中国历史上唯此一例。在此后长达二千余年的整个封建社会时期，尽管有短暂的变法与改革，但大多以失败告终，而秦能始终不渝奉行变法改革，以法家思想作为治国的指导思想，开中国历史专任"法治"之先河。其变法改革的首创精神，是我们应该予以学习借鉴的宝贵遗产。以往的著述往往将法家、秦始皇、秦帝国法家执政群体等思想割裂开来，造成了对于秦"以法治国"整体面貌把握不全面，造成了法家思想与统治者政治思想、君主与臣僚之间的思想脉络的含混，不能形成一个连贯的整体。为了对于秦"以法治国"的法律思想作一个概览，在这里，笔者将不区分个人，将秦时期推行法家治国路线的君、臣作为一个整体，从总体特征来描述其法律想的总体内涵与特征。

一、秦朝"以法治国"思想的内涵

秦朝是法家思想占主导地位的时期，法家实际上是从春秋战国时期诸子百家的论战争鸣之中吸收不同流派思想而形成的以经世致用、辅助诸侯实现国富民强、统一中原为目标的一群务实派政治思想家。《汉书·艺文志》："法家者流，盖出于理官。信赏必罚，以辅礼制。"《易》曰："先王以明罚敕法。"《史记·太史公自序》："法家严而少恩，然其正君臣上下之分，不可改矣。……法家不别亲疏，不殊贵贱，一断于法，则亲亲尊尊之恩绝矣。可以行一时之计，而不可常用也，故曰'严而少恩'。若尊主卑臣，明分职不得相逾越，虽百家弗能改也。"那么在法家眼中，什么是法呢？《说文解字》对"灋"的解释是："刑也。平之如水，从水；廌，所以触不直者去之。故从廌从去。法，今文省。佱，古文。"秦朝"以法治国"的思想至少包括以下几层意思：

1. 人生而有欲的人性论

法家对法的认识是基于人性自私论，正如荀子所说："人生而有欲；欲而不得，则不能无求；求而无度量分界，则不能不争；争则乱，乱则穷。先王恶其乱也，故制礼义以分之，以养人之欲，给人之求，使欲必不穷于物，物必不屈于欲，两者相持而长。"[1]荀子的人性恶的人性论为法家推行"法治"的理论基础。商鞅认为，治理国家的君主要将名与利作为驱动民众的工具，因为"民之性，饥而求食，劳而求逸，苦则索乐，辱则求荣，此民之情也。民之求利，失礼之法；求名，失性之常。奚以论其然也？今夫盗贼上犯君上之所禁，而下失臣民之礼，故名辱而身危，犹不止者，利也。其上世之士，衣不煖肤，食不满肠，苦其志意，劳其四肢，伤其五脏，而益裕广耳，非生之常也，而为之者，名也。"[2]统治者应该将老百姓计较名利的心态作为制定法律的依据，"利处于地，则民尽力。名处于

---

[1]《荀子·礼论篇》。
[2]《商君书·算地》。

站,则民致死。入使民尽力,则草不荒。出使尽致死,则胜敌。""故君子操权一正以立术,立官贵爵以称之,论荣举功以任之,则是上下之称平。"[1]

2. 法是确定名分的准绳

法家认为法律是确定权利归属和定名分的最佳方法。商鞅认为"法令者民之命也,为治之本也,所以备民也。为治而去法令,犹欲无饥而去食也,欲无寒而去衣也,欲东而西行也,其不几亦明矣。一兔走,百人逐,非以兔也。夫卖者满市,而盗不敢取,由名分已定。故名分未定,尧、舜、禹、汤且皆如鹜而逐之;名分已定,贫盗不取。""故圣人立,天下而无刑死者,非不刑杀也,行法令,明白易知,为置法官吏为之师,以道之知。万民皆知所避就,避祸就福,而皆以自治也。"法律作为民众普遍遵守的规则,可以确定每个人的权利界限,划分每个人行使权利的范围,让贪婪的人无法行鄙诈之心,可以保护每个人的正当的权利。

3. 法是实现公平的规则

法家将法律作为实现法律形式公平的手段,达到他们所追求的法令明而国家治,具体的就是将法律的功能界定为通过"壹赏"、"壹刑",实现事决于上,一断于法的目标。商鞅认为"壹赏"就是"利禄官爵抟出于兵,无有异施也"。[2]通过将所有的功爵利禄与行军作战相挂钩,一切以军功来确定贵贱贫贱,调动广大民众踊跃参加秦国对外战争的积极性,将秦国军队建设成一支"战必覆人之军,攻必凌人之城,尽城而有之,尽宾而致之"的凶猛强大的军队。"壹刑"主张刑罚面前人人平等,"刑法等级,自卿相将军以至大夫庶人,有不从王令,犯国禁、

---

[1]《商君书·算地》。
[2]《商君书·赏刑》。

乱上制者，罪死不赦。"[1]强调在遵守法律面前，负责执法的官吏带头执行法律，"守法守职之吏有不行王法者，罪死不赦，刑及三族。周官之人，知而讦之上者，自免于罪，无贵贱，尸袭其官长之官爵田禄。"[2]

4. 法是富国强兵、强化君权的工具

法家从法律的角度实现富国强兵，维护君主的权威，提出"壹言"、"壹教"，实行文化专制和思想控制。所谓"壹言"就是将人民思想统一到耕战之上来，凡是有助于推动农业发展和行军打仗的均给予奖励，摒除一切与此无关的学说技艺。"凡将立国，制度不可不时也，治法不可不慎也，国务不可不谨也，事本不可不抟也。制度时，则国俗可化，而民从制。治法明，则官无邪。国务壹，则民应用。事本抟，则民喜农而乐战。夫圣人之立法化俗，而使民朝夕从事于农也，不可不知也。夫民之从事死制也，以上之设荣名，置赏罚之明也。不用辩说私门而功立矣，故民之喜农而乐战也。见上之尊农战之士，而下辩说技艺之民，而贱游学之人也，故民壹务；其家必富，而身显于国。上开公利而塞私门，以致民力，私劳不显于国，私门不请于君。若此而功名劝，则上令行而荒草辟，淫民止而奸无萌。治国能抟民力而壹民务者强，能事本而禁末者富。"[3]"夫圣人之治国也，能抟力，能杀力。制度察则民力抟，抟而不化则不行，行而无富则生乱。故治国者，其抟力也，以富国强兵也；其杀力也，以事敌劝农也。夫开而不塞则短长，长而不攻则有奸；塞而不开则民浑，浑而不用则力多，力多而不攻则有虱。故抟力以壹务也，杀力以攻敌也。治国贵民壹；民壹则朴，朴

---

[1]《商君书·赏刑》。
[2]《商君书·赏刑》。
[3]《商君书·壹言》。

则农，农则易勤，勤则富。富者废之以爵，不淫；淫者废之以刑而务农。故能抟力而不能用者，必乱；能杀力而不能抟者，必亡。故明君知齐二者，其国强；不知齐二者，其国削。"[1] 所谓"壹教"就是"博闻辩慧，信廉礼乐，修行群党，任誉清浊，不可以富贵，不可以评刑，不可独立私议以陈其上。坚者破，锐者挫。虽曰圣知巧佞厚朴，则不能以非功罔上利。然富贵之门，要在战而已矣。彼能战者，践富贵之门；强梗者，有常刑而不赦。是父兄、昆弟、知识、帐媪、合同者，皆曰：'务之所加，存战而已矣。'夫故当壮者务于战，老弱者务于守；死者不悔，生者务劝。此臣之所谓壹教也。民之欲富贵也，共阖棺而后止。而富贵之门，必出于兵。是故民闻战而相贺也；起居饮食所歌谣者，战也。此臣之所谓"明教之犹，至于无教也。"[2]

5. 权专于君，信赏必罚

法家推行"以法为治"更重要的是要提高君主的权威，强化中央集权，维护以君臣为主体的新兴官僚地主阶级的利益。商鞅提出了国家治理的三条法宝即"法、信、权"，他认为"法者，君臣之所共操也；信者，君臣之所共立也；权者，君之所独制也。人主失守，则危；君臣释法任私，必乱。故立法明分，而不以私害法，则治；权制独断于君，则威；民信其赏则事功成，信其刑则奸无端。惟明主爱权重信，而不以私害法。故上多惠言而克其赏，则下不用；数加严令而不致其刑，则民傲罪。凡赏者，文也；利者，武也。文武者，法之约也。故明主慎法。明主不蔽之谓明，不欺之谓察。故赏厚而利，刑重而必，不失疏远，不私亲近。故臣不蔽主，下不欺上。"强调法律必须被严

---

[1]《商君书·壹言》。
[2]《商君书·赏刑》。

格执行,统治者必须模范带头守法,做到信赏必罚,"夫废法度而好私议,则奸臣鬻权以约禄,秩官之吏隐下而渔民。谚曰:'蠹众而木折,隙大而墙坏。'故大臣争于私而不顾其民,则下离上;下离上者,国之隙也。秩官之吏隐下以渔百姓,此民之蠹也。故国有隙蠹而不亡者,天下鲜矣。是故明主任法去私,而国无隙蠹矣"。[1]

二、秦朝"以法治国"思想的特征

秦朝推行"以法治国"的理论与实践,在中国传统法文化的发展历程上留下了浓墨重彩的一笔,从商鞅变法到秦最后统一全国,在法律制度与实践,法律理论与思想方面都凸显了与其他时期的独特性和首创性,是出于那个战火纷纷、农民起义风起云涌的特殊时代的整体社会画卷的一个重要组成部分。从总体来看,秦的"以法治国"思想具有如下特征:

1. 首次将"法律"作为全面调节社会的首要规范

在春秋战国时期,百家争鸣,各派相互攻讦,众说纷纭,各自站在自身立场上,以己之长攻人之短,纷纷为当时执政者提供治国、理民、变法、图强的救世良方,诸子百家的思想与当时的社会、文化与国家形势和背景紧密联系,基本上找不到一派完全能脱离时代背景的所谓追求纯粹知识的理论流派。在如何看待社会大动乱和急需大变革的解决途径上,一些学说已经注意到法律这个重要规范的社会意义,唯有法家流派能高度重视通过国家成文法的统一颁布与推行来实现社会全面改革。自春秋到战国,成文法从公布到大规模推行,与各国法家在其中起的推动作用密不可分。秦自商鞅变法以来,特别是建立全

---

[1]《商君书·修权》。

国统一政权后,极其重视以法律作为全面调控社会的措施。据史记所述,秦在全国统一后,基本实现了"治道运行,诸产得宜,皆有法式"[1]。在政治、经济、文化等各个领域颁布了大量的成文法,虽然很多均毁于战火,但是从考古发现大量秦简牍的种类、数量,对于社会生活规范的细密程度,超出了我们对于那个时代的想象。这一方面反映了统治者对于法律制度于治理国家的重视,同时,也侧面透射出从宗法家族的血缘社会,向突破血缘家族社会网络,向交往更加具有地域性、超越特定时空的更加复杂社会关系的转化的社会发展趋势。

2. 大胆实践"法律面前人人平等"

秦帝国统治者为了顺利推行变法和改革,将"法律面前人人平等"这一原则作为法律的基本原则,在法制实践中认真贯彻实施。从春秋开始到战国末期,前后500余年时间,实际上是从旧有的封邦建国、宗法礼制社会向郡县主导、礼法并用社会转型的长时间的过渡时期,旧有的封建贵族以及以此政治体制作为依托的利益阶层,与新兴的地主、商人以及军功产生的新兴贵族,这两类统治者以及其作为统治基础的底层阶级之间的利益冲突和调节,往往是导致整体社会秩序失衡以及对外战争的总根源。法家所主张的刑无等级,法不阿贵、绳不绕曲的法律治国的理想,真正要付诸实践需要极大的勇气,以及协调各类阶级阶层矛盾斗争的特殊智慧。秦自商鞅开始,到秦帝国灭亡,能够动员全国各方面力量,对外发动战争,对内推行经济、政治、文化改革,而各项法律措施的实施,必须做到真正贯彻落实,使得每个人都服从法律的权威,在法律面前人人平等,尽管在实质上,这种平等的最终目的是巩固以秦始皇为代表的统

---

[1]《史记·秦始皇本纪》。

治者的权威，但是在秦法推行过程中，我们可以看到这一原则真正落到了实处，比如商鞅变法期间，即使是对于触犯新法的太子毫不宽恕，将负有管教责任的公孙贾与公子虔两位老师分别处以刑罚，可见秦法推行过程中，在相当程度上做到了在法律面前人人平等，在严刑峻法面前以法律作为准绳。

3. 各级官吏带头遵守法律

在秦推行"以法治国"的治国模式的过程中，为了保证法律的有效推行，防止执行法律的官吏滥用权力和权力腐败，采取了一系列行之有效的法律措施。首先是设置了专门负责监督官员的监察机关，在中央设立御史大夫，郡设郡御史，代表皇帝对各级官吏违法失职行为进行监督和处罚，专门监察机构的设立开中国古代监察官制的先河。其次是奖励告奸，采取发动广大官员群众对官吏行为监督的办法防止官员腐败。商鞅变法时，规定"守法守职之吏，有不行王法者，罪死不赦，刑及三族。同官之人，知而讦之上者，自免于罪。无贵贱，尸袭其官长之官爵田禄。"[1]最后，对于在司法裁判中枉法裁判的官吏，处以重刑，据史记记载，秦始皇时期，一次性对于一批司法不公正的官吏给予发配边疆的处罚，"适治狱不直者，筑长城及南越地"。[2]

4. 实行严刑峻法的法律威慑主义

秦在统一六国过程中，将法律作为一种对内严格管制黎民百姓，对外大肆侵略扩张的工具，大力推行严刑峻法，以重刑防止老百姓犯罪，以刑罚达到消除刑罚的法律威慑主义的统治思想。商鞅等变法者认为"重刑连其罪，则民不敢试。民不敢试，故无刑也。夫先王之禁刺杀，断人之足，黥人之面，非求伤民也，以

---

[1]《商君书·赏刑》。
[2]《史记·秦始皇本纪》。

禁奸止过也。故禁奸止过,莫若重刑。刑重而必得,则民不敢试,故国无刑民。国无刑民,故曰:'明刑不戮。'"[1]在秦变法到秦灭亡,所制定的大量法律规范,实际上严刑峻法的刑事法律规范占据了相当大比例,以至于"法繁于秋荼,网密如凝脂",老百姓的一举一动均被置于国家法律的约束之下,让所有的秦帝国人民成为君主的顺民。

三、"以法治国"思想之问题反思

秦帝国在以风卷残云之势统一六国,威震四海,建立空前辽阔的帝国以后,在短短十五年时间内被农民起义的烈火以摧枯拉朽之势迅速瓦解败亡,从法制的角度进行反思,实际上其失败有必然原因:

1. 推行"法治"的目的是为专制服务

秦推行"以法治国",是出于整个统治阶层为了实现富国强兵,实现秦称霸诸侯,统一中原的利益需要,也就是说,从一开始,秦变法到秦帝国建立较为完善的法律制度,始终遵循的是为了秦统治者实现君主专制,满足整个统治阶层的利益的需要。秦统治者从推行"法治"一开始,就是视百姓为变法的对象,视民众为整个国家机器可以摆弄的对象。整个法律改革的出台,都是国君与变法者作为整个国家机器的发动机来推动,商鞅曾经说:"君亟定变法之虑,殆无顾天下之议也!且夫有高人之行者,固见负于世;有独知之虑者,必见骜于民。语曰:'愚者闇于成事,知者见于未萌。'民不可虑始,而可以乐成。"[2]法家站在统治者立场,为贪图建立春秋霸业的君主的意图而自上而下推行一套"法治",这套法律制度看似如变法者

---

[1] 《商君书·赏刑》。
[2] 《商君书·更法》。

所认为的是"苟可以利民",但是实际上处于社会的中下层的老百姓往往只是秦帝国战争机器的一粒棋子,普通老百姓既要向连年征战的国家缴纳繁重的苛捐杂税,还要按照秦严酷的军事法律走上战火纷飞的战场,六国灭,四海一,修筑万里长城,营造豪华的阿房宫,人民流血牺牲最终换来的不过是整个专制统治集团利益的最大化。

2. 忽视了法律的工具性与伦理性的统一

秦帝国推行的"以法治国"路线,实际上将法律的工具理性或者形式合理性充分展现出来,秦朝统治者将法律的目的定位在奖励耕战,其实质是推动秦帝国的对外扩张,通过战争来换取统治集团利益的最大化,实现统治者所向往的一统天下的霸业。在秦统治者看来,只要掌握了军事上论功劳行赏与对老百姓的严刑峻罚,就可以最大限度地调动广大人民的积极性,去不断地为秦帝国的对外战争出生入死。人都是自私的,人都会为获取利益而最大限度调动他们的积极性,在战场上以军功来论赏,而军功就是秦军士兵手上所斩首的敌军人头数量,秦靠对外战争,不断地攻城略地,吞并六国。依靠战争而崛起的新兴军事贵族以及各级官吏是靠血腥的残杀别国人民来铺平富贵显荣的道路。在这种完全是让人性最恶劣的残暴本性充分暴发的巨大利益刺激下,在严酷的军事纪律约束下,虽然有很多秦国人民成为秦狂奔战车上的炮灰,但是在一次次的对外战争胜利所带来的巨大的官爵、土地、奴婢等丰厚的封赏示范效应下的秦帝国社会,普遍蔓延的是武力至上,金钱官爵至上的道德风尚。法律露骨的工具性引导作用在秦国推行法律的过程中完全忽视了另一个重要的社会规则的价值,而且往往后者对于建立稳定的社会秩序具有更重要的意义。秦变法以来,一直坚持度独任法治的原则,对于诸子百家,特别是儒家学说予以大力的驳斥，在思想上推行文化专制，仅公元前 212 年一次性坑杀儒生 460 余人，700 余人遭到屠杀。[1] 在社会治理模式上，秦极端贬低儒家所推崇的先王之道与礼法规范，将伦理规范调整社会关系的功能弱化或者淡化，建立起上至中央，下至基层什伍连坐的严密的法律控制体系。这个体系的发动机就是代表最高权力的秦始皇，随着这个最高掌权者的逝去，依靠个人威信来保障的整个社会秩序连同其法律体系顷刻瓦解成为历史的必然。

3. 忽略了法制改革是理想性与现实性统一

秦推行的变法与改革，实际上带有法家的固有局限性，即法家借助于最高统治者力量，过于强调为法自君出的自上而下的变法路线，试图通过大胆的推行变法更张措施，使整个社会面貌发生根本的转变，通过中央政府的单方面立法活动，实现法家所冀求的在法律的控制下的社会理想状态。而这个理想状态对国家而言就是强大，从社会秩序来看，就是摒弃一切异端杂说、定纷止争、以刑去刑、重刑止奸的良好状态。而实际上，社会的复杂性并非如法家所期盼的——纠纷化解，犯罪消亡，君主的权威巩固等理想状况，而随着秦帝国对外扩张，因长期的战争所积累的国内外矛盾日益尖锐。同时，秦统治者虽然废除过去建立在井田制基础上的整个社会制度，但是，旧有的封建贵族、各种保守势力，以及整个社会民众观念，不可避免的带有很多传统社会的习惯残余。在政治上，上层统治者希望封邦建国，中下层百姓受到传统宗法礼制文化的影响，在秦严刑峻法的法律专制下希望重新恢复过去在儒家礼教下的生活方式，但是受到秦酷吏峻法的压制，灵魂和精神深处必然会带有怀古

---

[1] 翦伯赞：《秦史稿》，北京大学出版社 1981 年版，第 78 页。

的眷念和对于秦统治者专制的厌恶和抵触。秦帝国统治者在迷信"以法治国"的单线思维下,将国家专制权力运用到无以复加的境地,最后必然是脱离了法律所赖以真正生长与存在的社会土壤,造成法律的理想目标与实际社会治理实践,理论与现实,法律的功利目标与法律本身蕴含的伦理精神的严重割裂与背离。

4. 国富民穷导致了政权失去民意基础

秦推行"以法治国",通过一整套强化中央集权的法律体系,实现了国家强大。中央政府依靠国家强制手段,再加上通过战争从被征服诸侯国的巧取豪夺,从老百姓手中攫取了巨大财富,整个秦统治阶层依靠这些来自于来百姓的巨额财富,满足其穷奢极欲的生活,依靠战争兴起的军功贵族,以及通过为秦军队提供大规模工商业谋取了巨额利益的商人阶层,他们成为实际的统治阶级的主体。秦国军事上扩张和强大,并没有同时给广大的农民带来经济地位的改变,反而是各种国家的财政税收负担和兵役徭役让人民没有喘息之机。在秦推行土地私有制以来,农民贫富分化导致大量的自耕农破产成为商人地主的佃户,而他们除了要支付给地主的田租外,还要向封建国家缴纳人头税,缴纳繁重的各种徭役,"头会(人头税)箕敛","一岁屯戍,一岁力役",这些都是秦横征暴敛的生动写照。广大人民群众在秦高压政策下,生活日趋困苦,人民的血汗所换来的却是秦统治者享受到灭六国后激发的不断膨胀自大的权力和欲望,巨大的宫殿,奢华的陵墓以及北筑长城,南开灵渠,这些巨大的国家工程耗尽了生息与民力,国富民贫,"天下苦秦久矣",人心已经彻底背弃这个依靠法律专制维持的残酷政权,秦帝国在农民起义烈火燃烧之前已经走到绝境,大泽乡的楚人一炬只不过正式敲响这个徒有强大外表的被掏空机体的帝国空壳的丧钟。

第三节 法律儒家化的意义与局限

在风气云涌的农民起义的打击下,秦帝国化为废墟,刘邦以农民起义首领身份建立起一个统一的西汉政权,随着战乱逐渐远去,以刘邦为首的封建统治集团面对的是一个大而不强,衰而不败的久经战火疲敝的天下。如何稳固他们的统治秩序,如何从秦帝国迅速统一全国又旋即崩溃的鲜活的活剧中吸取历史的经验教训,是他们进行新的政权建设和法制建设所需要进行的首要工作。在秦帝国的高压统治瓦解以后,曾经受到秦始皇专制镇压的诸子百家学说仿佛重新复活,但是在历史的崭新时期,但真正有重要影响力的实际上只有法家、儒家、道家以及阴阳家等少数流派,其中以儒家影响最为广泛。

一、汉初法律思想的主要概况

在法史学界,通说认为汉初直到武帝长达近七十年时间,是奉行以黄老思想为治国的指导思想[1]。而阐述这一观点的理由,基本上都是基于汉初著名的谋臣陆贾、贾谊著述中的某些涉及到与汉初统治者推行的"与民休息",轻徭薄赋,减省刑罚等较为宽松的治国措施,而如何解释黄老思想与传统儒家思想,以及与法家思想之间的联系与区别,均语焉不详,无法完全证明汉初以黄老思想治国这一命题。学界少数学者在认真研究汉初法律思想的特征后,发现其实汉初已经开始治国思想和法制思想的儒家化转变,代表性的有惠吉兴:《汉初儒学的复兴及其

---

〔1〕 持这一观点的如张晋藩主编:《中国法制通史》第2卷,法律出版社1999年版;范忠信主编:《中国法制史》,北京大学出版社2007年版,第194页。

历史地位——兼评汉初黄老之学占统治地位说》[1]，对学界通说予以反驳，持之有故。认为汉初统治者所奉行的治国思想并非黄老思想，其理由有如下几点：

第一，汉初统治者在夺取天下以后，推行修养生息的政策，与黄老道家流派思想并无直接的关系。应该看到，在秦灭六国，西汉推翻秦暴政后，原来被打压的诸子百家学说在一定程度上获得一定的复苏与活动的空间。在一定程度上西汉王朝的少数统治者奉行黄老思想作为养生之术是事实，比如皇室有汉文帝、窦太后等，大臣有曹参、陈平、贾谊等，贵族有淮南王等。但是作为一种治理国家，贯彻到法律之中的精神，并非以黄老思想为主，而主要是受到法家和儒家思想的影响。比如西汉建立以后基本上承袭了秦的法律制度，在立法的框架、规模和形式上，基本上是秦法律的翻版，并无属于西汉统治者独有的创新性立法规定。在西汉前期并没有将黄老哲学思想具体化为政治哲学与法哲学并予以系统化，即对黄老思想与法律制度的精神之间的衔接没有具体的措施，能指出来的相似点不过是减轻老百姓的赋税与徭役，减轻刑罚，放宽对思想与人身自由的限制，这些所谓的仁政措施实际上不仅黄老思想提倡，儒家、墨家等均予以倡导，并非黄老学派的独特思想。

第二，黄老学派在西汉初期并没有系统化与有代表性的著述传世。我们通常认为西汉统治者与黄老思想的联系就是陆贾的《新语》和淮南王刘安的《淮南子》。有学者认为《淮南子》"既是汉初各种社会思潮相互碰撞和影响的产物，又反映了当时政治权力斗争的局势，是当时的集大成之作，尤其是道家思想

---

[1] 惠吉兴："汉初儒学的复兴及其历史地位——兼评汉初黄老之学占统治地位说"，载《浙江学刊》1992年第6期。

的集大成之作"。〔1〕但是从一定程度上,《淮南子》是汇集各家思想的一个思想大杂烩,和道家经典《老子》、《庄子》这样纯粹的代表著作的层次和水平相差甚远。而对于陆贾的《新语》,实际上基本上是深受儒家思想影响的著作,史书记载:"陆生时时前说称《诗》、《书》。高帝骂之曰:'乃公居马上得之,安事《诗》、《书》。'陆生曰:'居马上得之,宁可以马上治之乎?且汤武逆取而以顺守之,文武并用,长久之术也。昔者吴王夫差、智伯极武而亡;秦任刑法不变,卒灭赵氏。乡使秦已并天下,行仁义,法先圣,陛下安得而有之?'高帝不怿而有惭色,乃谓陆生曰:'试为我著秦所以失天下,吾所以得之者何,及古成败之因。'陆生乃粗述存亡之征,凡著十二篇。每奏一篇,高帝未尝不称善,左右呼万岁,号其书曰《新语》。"〔2〕可以看出陆贾向当时的最高统治者进谏的主要是关于推行儒家仁政王道思想,而不是有关老庄"无为而治"的道家思想。

第三,从汉初统治者多任用的一大批重要官员来看,并没有多少是以黄老治学传世的人物。"从汉初政界的实际状况来说,情况并不尽然,如叔孙通、陆贾在汉高祖、孝惠帝、吕后时期的政治舞台非常活跃,文帝时,贾谊倍受赏识;甚至在'不任儒'的景帝时期,儒生亦不寂寞,以治《易》著名的丁宽,'为梁孝王将军距吴楚,号丁将军',得罪窦太后的辕固受到景帝保护,并被'拜为清河太傅',韩婴'景帝时至常山太傅',此外,在汉代思想界影响最大的公羊学的两位大师董仲舒和胡毋生,景帝时皆为博士。上述际遇,汉初其他学派的学者,

---

〔1〕 戴黍:"汉初时代转型与《淮南子》的学术境遇",载《深圳大学学报(人文社会科学版)》2006年第2期。

〔2〕《史记·郦生陆贾列传》。

包括黄老学者,皆不能望其项背。"[1]贾谊是汉初最有代表性的儒家学派人物,他积极向统治者建言,拨秦苛政之乱回归以礼乐治国的儒家治国路线,他指出"汉承秦之败俗,废礼义,捐廉耻,今其甚者杀父兄,盗者取庙器,而大臣特以簿书不报期会为故,至于风俗流溢,恬而不怪,以为是适然耳。"[2]还向文帝建议"当改正朔,易服色,法制度,定官名,兴礼乐,乃悉草具有事仪法,色尚黄,数用五,为官名,悉更秦之法。"[3]文帝时候,申公、韩婴、贾谊、晁错等一大批重要影响的政治人物皆被汉政府立为博士,各郡国进步一加强以儒家经典为学习内容的地方学校教育,文帝时期的蜀郡太守文翁亲自选拔人才,送到京师博士门下,学成后皆委以官职,"又修起学宫于成都市中,招下县子弟以为学官弟子"。文翁的兴学影响深远,"至武帝时,乃令天下郡国皆立学校官,自文翁为之始云"。[4]

综上所述,汉初治国的指导思想应该是以儒家、法家两家为主导,吸收道家等其他流派思想,以此作为建立汉政权具有自身特色的法律体系。西汉初年的复兴儒学以及推行儒家仁政的法律实践,为后来汉武帝推行"罢黜百家,独尊儒术"的基本国策做了理论铺垫和实践准备。

二、汉武帝儒家大一统思想的主要内涵

汉武帝刘彻(公元前156～公元前87年),年仅16岁继承王位,成为历史上少有的具有雄才大略的帝王。公元前140年

---

[1] 惠吉兴:"汉初儒学的复兴及其历史地位——兼评汉初黄老之学占统治地位说",载《浙江学刊》1992年第6期。

[2] 《汉书·礼乐志》。

[3] 《史记·屈原贾生列传》。

[4] 《汉书·循吏传》。

（武帝建元元年），刚刚即位的少年天子即以少有的气魄和才干，命全国范围内选拔贤良方正、直言极谏的人才。汉武帝亲自命题，主持策论考试。在众多的策论应试者中，不乏不同流派的学术名流和当世大儒，其中董仲舒以《春秋》公羊学派学说向汉武帝倡议复兴儒学，推行礼乐教化，建立封建大一统的强大国家，并建议"诸不在六艺之科、孔子之术者，皆绝其道，勿使并进。邪僻之说灭息，然后纲纪可一而法度可明，民知所从矣。"[1]董仲舒提出的贬抑诸子，独尊儒学，在全国统一文化思想，为建立强大的中央集权政治服务的观点，正好迎合了汉武帝迫切需要巩固君主集权和实现海内一统，建立一个强盛的大汉王朝的需要，被汉武帝大加赞赏，任命为江都相。以后每隔数年，汉武帝均要亲自考选贤良文学知识分子。元朔元年，汉武帝下诏："夫本仁祖义，褒德禄贤，劝善刑暴，五帝三王所繇昌也。朕夙兴夜寐，嘉与宇内之士臻于斯路。故旅耆老，复孝敬，选豪杰，讲文学，稽参政事，祁进民心，深诏执事，兴廉举孝，庶几成风，绍修圣绪。夫十室之邑，必有忠信；三人并行，厥有我师。今或至阖郡而不荐一人，是化不下究，而积行之君子雍于上闻也。二千石官长纪纲人伦，将何以佐朕烛幽隐，劝元元，厉蒸庶，崇乡党之训哉！且进贤受上赏，蔽贤蒙显戮，古之道也。其与中二千石、礼官、博士议，不举者罪。"[2]通过举荐和考试，董仲舒、公孙弘、司马相如、儿宽、朱买臣、吾丘寿王等一大批饱读孔孟儒学之士纷纷进入西汉政府的权力中心，为推动汉武帝大一统政策的实施提供强有力的人才和智力基础。汉武帝推行儒学大一统思想的主要内容如下：

---

[1]《汉书·董仲舒传》。
[2]《汉书·武帝纪》。

1. 加强中央集权,维护君主权威

汉初刘邦夺取政权后,汲取秦末农民起义中各地相继背弃中央、没有勤王之师以救援朝廷的教训,遂大规模恢复分封制,先后分封了一批异姓功臣与同姓子弟为诸侯王,形成了郡县制与分封制并存的政治体制。文景时期的西汉王朝,中央与诸侯国之间的矛盾愈演愈烈,终于爆发了以吴王刘濞为首发动的一次诸侯大叛乱,这次叛乱虽然被平息,但是中央政府与诸侯王之间的矛盾并未缓解,地方诸侯同中央分庭抗礼,对于中央政府的威胁并未消除。汉武帝即位之初,朝廷内部以窦太后为首的守旧派以及各诸侯王势力成为威胁其君主权威的强大力量,汉武帝通过选拔贤良所任用的新兴政治力量尚不足以实现其权力独制的目标。通过在政治推行上大一统的政策,独尊儒学,罢黜百家,可以极大巩固依靠汉武帝权威选拔出来的具有儒学背景的贤良文学之士的地位,逐步削弱各类聚集在窦太后周围的守旧派官僚贵族势力;针对地方诸侯,汉武帝实行"推恩令",将较大的诸侯国分割为更小的封国,中央派遣征召的新兴贤良文学之士担任诸侯国官员,将诸侯国行政与财政权收归中央,诸侯国"分土而不治民",享受中央规定的爵禄,不直接管理诸侯国。通过推恩和削藩,消除了诸侯王对于中央朝廷的威胁,大大加强郡县两级政权建设,全国形成以郡县制为主,分封制为补充的地方政权体系。通过上述一系列措施,维护了中央权威,保障了君主政令的畅通,极大加强了君主专制权力。

2. 统一文化教育,选拔急需人才

汉武帝推行儒家大一统,在教育上就是大力兴办各级学校。董仲舒在向汉武帝的答问策中,强调了教育的重要性,提出兴太学、用儒家学说教育民众的建议:"是故南面而治天下,莫不以教化为大务。立太学以教于国，设庠序以化于邑，渐民以仁，摩民以谊，节民以礼，故其刑罚甚轻而禁不犯者，教化行而习俗美也……故养士之大者，莫大乎太学；太学者，贤士之所关也，教化之本原也……臣愿陛下兴太学，置明师，以养天下之士，数考问以尽其材，则英俊宜可得矣。"[1]汉武帝采纳了董仲舒的建议，下令中央置太学，招录博士弟子五十人，同时天下郡国纷纷兴办地方学校，蜀郡太守在任期间，大力提倡兴办儒学教育，选派贤良才俊入中央太学受业，极大推动了儒学教育向基层社会的普及和推广。"自武帝立《五经》博士，开弟子员，设科射策，劝以官禄，讫于元始，百有余年，传业者浸盛，支叶蕃滋，一经说至百余万言，大师众至千余人，盖禄利之路然也。"[2]自汉高祖以来，由于秦火一度绝续的儒家文化传统，经过汉武帝复兴儒学教育，通过农民起义，又开始复苏。马上得天下的封建贵族要稳固其统治秩序，需要通过选拔儒学知识分子，为其提供政治合法性的文化根基，新兴的儒家也已经改头换面，抛弃其独立自主的核心精神价值，成为为专制集团服务的御用知识分子。大力推动儒学官办教育，为封建国家培养了大批熟悉经典理论，又具有从事国家管理能力的各级官吏，为汉武帝的文治武功的帝王雄心输送大量的实用性人才。

3. 对内巩固统治，对外抵御匈奴

汉武帝时代，西汉社会面临严峻挑战，一方面是诸侯国与中央矛盾有导致国家分裂的危险，另一方面北方有虎视眈眈的匈奴骑兵随时准备大举南下侵犯中原。"七王之乱"之后，汉景帝留给继位者的是一个内忧外患的复杂局面。汉武帝之所以认同董仲舒提出的儒家大一统的理论，是想借助于思想文化的统

---

[1]《汉书·董仲舒传》。

[2]《汉书·儒林传》。

一，树立中央朝廷的权威，巩固现有的建立在商人地主阶层利益基础上的封建政权。统一的儒学信仰，官办的儒家经典的各级学校，以及贤良文学作为伦理道德与知识才智的代表，具有引导整个社会价值舆论的核心作用。汉武帝的儒家大一统思想，在其继续巩固政权的过程中，充当了民众思想的布道者和宗教牧师类似的作用，思想上的统一必然带来整个社会权力机构以及社会风俗习惯的改变，而最终的结果是在中央的大一统思想下，民众接受既有的政权和统治体系。对内的政权巩固，又为北击匈奴，扩充汉帝国统治范围，建立旷古的帝王功业提供有力支撑和保障。汉武帝时期，北方匈奴与中央关系恶化，日益强大的匈奴帝国逐步建立起对汉朝的包围圈，面临强大的北方威胁，汉武帝在建立巩固的中央政权的基础上，集中全国的一切力量，发动了针对匈奴的长达半个世纪的战争，公元前133年至公元前119年对匈奴15年的战争中，汉武帝总共动用了约100多万兵力，进行了8次大规模的征服战争，夺得包括河套、河西走廊在内的整个漠南地区，取得军事上的决定性胜利。[1]

三、"春秋决狱"与法律儒家化

(一)"春秋决狱"概说

1. 春秋决狱缘起

汉武帝时期，随着儒家思想被确定为统治思想，儒家思想对整个国家的法制发展的影响逐步显露。最有代表性的是采用儒家经典来作为司法判决的依据，首创者就是董仲舒。据《后汉书》记载，董仲舒"老病致仕，朝廷每有政议，数遣廷尉张

---

[1] 白音查干："论汉武帝对匈奴的征服战争"，载《内蒙古社会科学（文史哲版）》1997年第5期。

汤亲至陋巷，问其得失。于是作《春秋决狱》二百三十事。"[1]董仲舒根据经义裁断案件的先例为当朝的司法官吏和后世提供了典范，成为西汉时期儒家思想向法律渗透的重要标志性事件。

2. 春秋决狱的适用条件

以《春秋》等儒家经典作为裁判的依据，必须满足一定的条件：一是遇到疑难案件，法律没有对于相关问题作出明确规定，从廷尉张汤请教董仲舒的有关史料记载，需要引用经义断决的应该是情节相对较为复杂，在司法裁判中容易出现两可裁判的情形。二是在如何定罪量刑的问题上，涉及到法律的价值判断和伦理判断，如有案例："甲夫乙，将船。会海风盛，船没溺，流尸亡不得葬。四月，甲母丙即嫁甲。欲皆何论？或曰：甲夫死未葬，法无许嫁，以私为人妻，当弃市。议曰：臣愚以为，《春秋》之义，言夫人归于齐。言夫死无男，有更嫁之道也。妇人无专制擅恣之行，听从为顺，嫁之者归也。甲又尊者所嫁，无淫衍之心，非私为人妻也。明于决事，皆无罪名，不当坐"[2]。三是依据经典裁判具有类似判例法的先例效应，司法裁判者对于经义的解释并非一个人专断，其中对于经义的解释和法律的解释，分别有当时学术传统深厚的经学与律学作为理论支撑，相反司法裁判者并非在自创判例，而只不过是对于当时的某些问题的伦理与法理的重新表述。

3. 春秋决狱的正反两方面的意义

西汉统治者在司法实践中以儒家经典中的原则精神作为司法裁判和司法解释的依据，在一定程度上弥补了西汉社会发展中出现的立法滞后与不足，从积极方面来看，实际上是弥补了

---

[1]《后汉书·应劭传》。
[2]《太平御览卷六百四十·引》。

法律与道德之间的缝隙或者裂痕。秦专任刑罚，从专制主义中央集权角度制定了大量成文法规范，这些成文法规范在汉代秦以后大多采取沿袭的措施，法律条文通过这种沿用保留下来，但是法律与社会之间的鸿沟依然存在。不断发展的汉代社会，人们经济、社会生活中新的法律关系，新的法律冲突，以及在整个社会内部存在的伦理价值观念、道德原则之间的冲突，过去制定的法律规范都无法完全解决。而春秋决狱的司法实践模式，实际上将法律本身面临的矛盾和问题向社会伦理与道德领域转移，西汉统治者在一定程度上做到了"道德评价与法律评价的'双赢'局面。这一局面的出现，从宏观抽象层面而言，乃是法律与道德的内在联系所致；从具体直观层面考察，则是司法活动对道德评价的反作用力所致。"[1]

从消极方面来看，春秋决狱在一定程度上将法律本身的调整范围无形扩大，特别是针对刑事规范，通过经义比附和解释，一定程度上是通过司法来新造规范，扩大了司法官员和君主的司法裁决权。经义解读的方式往往给法律的解释者更多的裁量自由，但是并无进一步的制度保障，解释者对法律的解释具有更多的正当性，而实践运用的结果往往导致君主与各级官员的意志借助儒家经典得以贯彻。余英时先生对于"春秋决狱"有着更为深邃地见解。例如，他说："汉代的'经义断狱'比戴东原所说的还要可怕，人不但死于法，而且同时又死于理。这才是'更无可救药'。……其实，法律只能控制人的外在行动，'经义断狱'才能深入人的内心。硬刀子和软刀子同时砍下，这

---

[1] 何剑："董仲舒《春秋决狱》之'原心定罪'再认识"，载《边缘法学论坛》2009 年第 2 期。

是最彻底的杀人手段。"[1]

(二) 法律儒家化的主要体现

1. 治国模式上由"以法治国"到礼法并用

西汉建立以来,关于治国模式的问题一直是统治者十分关心并一直处于争论之中的问题。究竟采取什么样的统治方式,才能维护君主的权力,稳定社会关系,建立稳固的政权。一方面,是前朝在秦始皇推行的"以法为教,以吏为师"的法律专制的失败和破产,导致了汉初的统治者对此作出了否定性的评价。然而,如果完全抛弃以法律作为社会治理模式的基础,在现有的社会现实情况下基本不可能做到。汉初几乎将秦帝国时期所制定的整个法律体系照搬拿来作为汉政权的法律规范的样板。尽管汉初较长时期统治者内部部分人信奉黄老思想,但是黄老思想对于治理社会的现实政治运行和调整社会的伦理规制问题,几乎没有成系统的学说体系,单单依靠老庄思想家的抽象的"无为而治"的哲学原理,无法应对复杂的西汉社会矛盾。其实,在西汉初年,一批儒学知识分子如陆贾、贾谊、叔孙通等,均向统治者提出以儒家的礼乐治理国家的建议,并很多被统治者采纳。汉初实行的赋税改革,刑罚改革以及国家朝仪制度、礼仪规范等都受到到儒家思想的重要影响。实际上,从汉建立以来,所推行的社会治理模式已经默默地受到儒家思想的系统影响,汉武帝正式对儒家思想以官方号令的方式予以确认。自汉初以来,在有关社会治理指导思想问题,一直都有两派在争论:一派是以接受周公孔子理论的儒家学派官僚和知识分子,另一派是以法家、道家、名家等为主体的其他派力量。从汉武帝建元元年策论各派贤良文学,董仲舒提出的以儒家理论治理

---

[1] 余英时:《中国思想传统及其现代变迁》,广西师范大学出版社 2004 年版,第 303 页。

国家从众多的不同流派学说中脱颖而出被统治者确定为官方思想以来，主张以礼主导、礼法并用的儒家化治国思想明显要占优势地位，但是法家学说并没有消失，而是在汉武帝朝以及后世继续在封建统治阶层中继续产生影响。公元前87年汉昭帝时期的盐铁会议上桑弘羊与儒家贤良文学派关于社会治理模式的争论，汉宣帝时石渠阁楼会议的论战，以及东汉章帝时召开的白虎观会议，儒家与法家之间的争论逐渐平息，代之而起的则是如何在儒学大一统的前提下，进一步贯彻以儒家思想治理国家的政策与措施。这一转变，体现了两汉统治者在治理国家的根本理论问题上趋同，封建国家的治国思想逐步走向成熟和完善，其基本原则就是推行礼乐教化，礼法并用，以此作为调整社会关系的基本指导原则。

2. 制定体现儒家伦理精神的法律制度

儒家原则精神对汉代立法的影响主要体现在对于三纲五常的贯彻，对于天命神权的维护，以及对于儒家仁政思想贯彻等方面。

一是通过将三纲五常的儒家伦理原则转化为法律规范。君君臣臣、父父子子、夫夫妻妻，将这些儒家代表性的原则通过不断颁布新法令予以贯彻。在处理君臣关系上，大量增加对于侵犯皇权、危害君臣上下级关系的犯罪行为的立法。这类刑事立法数量较多，如谋反、大逆；矫制；矫诏；废格诏令；非所宜言、直言、妄言；欺谩、罔上；奉诏不敬、挟诏书等。通过对于君臣关系的规范，维护君尊臣卑上下等级。在维护家庭伦理方面，将亲情伦理作为法律原则，充分体现儒家的矜老恤幼的精神，维护长幼尊卑和家庭亲情伦理。如汉律规定"年八十以上，八岁以下，及孕妇未乳，师、侏儒当鞫系者，颂系之。"[1]"年未满七岁，贼斗杀人及犯殊死者，上请廷尉以闻，得减死。"[2]同时刑法严厉打击侵犯亲属等级秩序和违反亲属之间亲情伦常的犯罪，比如规定了不孝罪、居丧奸、居丧作乐、居丧嫁娶、内乱、禽兽行、通奸、乱妻妾位、非正、兄弟争财等，通过刑罚措施确保儒家所倡导的亲亲尊尊的家族伦理道德秩序。

二是西汉法律在天命神权方面，主要是通过将以董仲舒为首的新儒家理论贯彻到法律的规定中，维护统治的合法性与神圣性。董仲舒在论及国家观念和法律观念时，提出"天人感应"学说。"天者，百神之大君也。"[3]天子受命于天，天下受命于天子，"天不变，道亦不变。"天与人，上天与人事是相互感应的，"国家将有失败之道，而天乃先出灾害以谴告之，不知自省，又出怪异以警惧之，尚不知变，而伤败乃至。"[4]天人感应和天命神权的思想运用到立法领域，就是强调德主刑辅，大德小刑，尽量减少严刑峻法，对老百姓推行道德教化，同时为维护君主专制与封建亲属伦理纲常的刑罚提供合法化依据。作为最高统治者的君主要尽量顺应天意民心，在制定法律政策上不得违背天意民心。在国家运用刑罚手段惩治罪犯也应该遵行"天人感应"学说，推行"秋冬行刑"制度。天有阴阳寒暑四季，宇宙万物都有其运行的自然规律，春生夏长，秋敛冬藏，统治者在执行法律之上也要遵循自然生长规律，春夏之际，应当停止办理狱讼，对犯人解除刑具，修缮囹圄，以顺应天地之

---

[1]《汉书·刑法志》。
[2]《汉书·刑法志》。
[3]《春秋繁露·郊语》。
[4]《汉书·董仲舒传》。

生养万物的时令。到了秋冬季节，公平断狱，缉捕罪犯，处罚犯罪，以顺应万物肃杀的时令节律。西汉时期将秋冬行刑作为一项制度予以坚持贯彻。

3. 司法上儒家伦理与法律原则紧密结合

在司法实践中，各级司法官吏贯彻董仲舒倡导的春秋诀狱的思想，将儒家思想的理论、原则和精神落实到具体的司法实践中，形成了经义决狱的司法裁判模式。春秋决狱在司法中具体体现就是"原心论罪"，即"《春秋》之决狱也，必本其事而原其志。至邪者不待成，首恶者罪特重，本直者其论轻。"[1]这里的"志"，即案件中犯罪嫌疑者的主观心态与伦理动机，判断的标准就是是否符合儒家伦理道德准则，凡是主观上符合道德标准的，即使是触犯了刑法，也可以酌情考虑其主观的心里动机的善，从轻或者减轻处罚，而对于主观动机不良，明显违背伦理道德的价值取向的行为，应该给予从重处罚，以体现法律的儒家伦理价值准则。通过将儒家经典中体现的道德标准运用到具体的司法活动中，大大扩展了法律解释的空间，明确了司法适用的标准和原则，使得判决的理由更加符合儒家的一整套伦理道德规范。特别是汉代将"亲亲相隐"作为一条司法原则，这一司法原则直接来自于儒家经典之一的《论语》，通过实施这条原则，尊重基于亲属伦理而产生的情不自禁藏匿犯罪行为的正当性，同时法律禁止卑幼在司法机关控告自己的尊长，"子告父母，妇告威公，奴婢告主、主父母妻子，勿听而弃告者市。"[2]在司法实践中，将儒家伦理原则精神与法律规定紧密结合起来，并通过引用儒家经典来解释法律，解释事实，作出更多符合儒家伦理精神的司法裁判。

---

[1]《春秋繁露·精华》。
[2]《张家山汉简·二年律令》。

第四节　汉代律学发展概览

一、汉代律学兴起的背景

汉代律学，又称为律章句学，是仿照汉代经学章句学，对于当时的法律文本作章句式的注释、离章析句，求法律之中蕴含的意义与原则。汉人的律章句著述大多亡佚，但是从出土的汉代简牍中，可以窥见汉代儒学大师注释律文形成的律章句学之盛况。律章句学与经学章句学具有密切的联系，在汉武帝推行法律儒家化以来，从某种程度上说，经学的发达造成律章句学的兴起。

章句产生于何时？学界有不同的观点，王铁先生认为产生于汉武帝以后的宣帝朝，认为"章句是在汉宣帝时兴起的一种著作形式"。[1] 有人认为在先秦时代已经产生了注释经典的章句，理由是古代经典多出自先秦，而因地域、方言、书写、传播等方面的限制，注释古书的工作必然伴随着经典的产生而出现。[2] 章句学作为一门专门学问产生于何时？我们认为应该在汉武帝提出"独尊儒学"，儒学在官方推动下兴盛发展以后的汉宣帝时期[3]。这一时期出现了欧阳高、夏侯建、孟喜、施雠、梁丘贺、尹更始等一批对学界、政界影响很大的章句学专家。随着经学的兴盛，章句作品大量涌现，太学招生规模逐步扩大，

---

〔1〕　王葆炫：《今古文经学新论》，中国社会科学出版社1997年版，第68页。

〔2〕　龚祖培："古书注解探原"，载《古代文献研究集林》（第3集），陕西师范大学出版社1995年版。

〔3〕　杨权："论章句与章句之学"，载《中山大学学报（社会科学版）》2002年第4期。

越来越多的士人以博士弟子的身份在太学中研习章句,章句之学成为了显学。此外,关于章句问题的学术争论也随之产生,汉书记载:"胜从父子建字长卿,自师事胜及欧阳高,左右采获,又从《五经》诸儒问与《尚书》相出入者,牵引以次章句,具文饰说。胜非之曰:'建所谓章句小儒,破碎大道。'"[1]东汉以来,章句之学的更加兴盛。一批章句学大师被皇帝奉为帝王师,倍受尊崇。包咸、钟兴等儒学大师经常出入宫廷,为皇帝及宗室讲授儒家经学章句。光武帝曾令钟兴"定《春秋》章句,去其复重,以授皇太子;又使宗室诸侯从兴受章句"。"封(兴)关内侯。兴自以无功,不敢受爵。帝曰:'生教训太子及诸王侯,非大功邪?'兴曰:'臣师丁恭。'于是复封恭,而兴遂固辞不受爵"。[2]汉明帝就曾自主持制定《五家要说章句》。西汉宣帝把博士弟子增为二百人,元帝增为千人,成帝增为三千人。而到了东汉,太学生大大增加,东汉顺帝将太学生增为三万人,在汉政府的大力推动下,形成了研究儒家经典的博士、太学生、各郡县学校学生以及私家经学大师,章句学盛极一时,以章句学为依托的律章句学应运而生。

二、汉代律章句学的主要特征

汉代律章句学是在儒经章句学基础上发展起来,对于推动法律研究、立法和司法实务的发展起了重要的推动作用,是魏晋时期律学发达的先声。从总体来看,汉代律章句学具有如下特征:

1. 深受法律儒家化思潮的影响

西汉王朝自建立政权以来,逐步从秦亡历史教训中总结出

---

[1]《汉书·睢两夏侯京翼李传》。
[2]《后汉书·儒林传》。

维护统治的有效途径，这就是汉武帝正式开启的法律儒家化潮流。在统治者的大力倡导下，儒学以前所未有的深度和广度影响了上至统治阶层，下到黎民百姓的社会生活，儒学学派曾经作为一个与最高统治者若即若离的学术流派，已经丧失了其独立发展的空间，成为了政府的御用学说，特别是经过董仲舒改造的杂糅了其他流派观点的新儒学，已经更多地成为迎合统治者胃口的代表整个统治阶级利益的理论。从汉武帝开始的儒学独尊的地位，导致儒家理论向社会各个领域渗透，整个社会已经没有完全站在自己立场独立成长的学说流派，诸子百家争鸣的余韵至此终结。精通儒学章句已经成为当时人的一种风尚，同时也是士人由此进入政府权力部门的必有途径。一大批儒家士大夫在研习儒家经典的同时，为了适应治国理政的需要，将经学章句的研究成果和研究方法运用到律学章句之学上。"盗律有贼上之例，贼律有盗章之文，兴律有上狱之法，厩律有逮捕之事。若此之比，搓揉无常。后人生意，各位章句。叔孙宣、郭令卿、马融、郑玄诸儒章句十有余家，家数十万言。凡断罪所当由者，合二万六千二百七十二条，七百七十三万二千二百余言，言数益繁，览者益难。"[1]

2. 适应提高官吏法律素质之需要

汉高祖刘邦是农民起义的领袖，靠马上得天下，在一批儒生谋士建议下，西汉政权才开始重视知识分子在治理国家方面的重要作用。汉武帝举贤良方正以来，一大批儒家知识分子逐步成为政府的官员。但从总体来看，各级官吏中有较高儒学素养以及法律素质的并不多，作为为国家培养后备官僚的太学最初才招收博士弟子50人，至西汉元帝时人数才3000，精通法律

---

[1]《晋书·刑法志》。

和吏事的人才缺乏。汉武帝元狩六年（公元前117年），命丞相设四科，设科取士，其中第三科为"明晓律令，足以决疑，能案章覆问，文中御史"。[1]可见其对于各级官员法律素质的重视。为了便于各级司法官员正确的适用法律，对于汉律的注释之学才顺应了这一需要而生。董仲舒作《春秋》决狱二百三十事，是首次运用儒家经典来解释法律，可以视为律学注释的代表。后来的马融、叔孙宣、郑玄这些人都是经学大师，既是经学家，也是律学章句大家，通过注释汉律，为当时的司法实践提供充分了律学理论和实践贡献。

3. 以私家注律为主，多律学世家

汉代律学受到儒家经学世家的影响，出现了一批以专门治律学章句的世家，累世研习法律，并在朝廷为官。许多读书人从开始学习儒家经典时就学习律令，以期通过政府的考试成为政府官吏。如西汉武帝时期，先后担任廷尉、御史大夫的杜周与其子杜延年，皆明习法律，研究律学章句，均有律学章句传世，颇有建树，被后人称为"大杜律"与"小杜律"。东汉之际，世代以律学为业的世家更加兴盛，最有代表性的为颍川郭氏和沛国陈氏。郭氏家族以研习小杜律闻名，"子孙至公者一人，廷尉七人，候者四人，刺史、二千石、侍中、中郎将者二十余人，侍御史、正、监、平者甚众。"[2]陈氏家族自西汉开始，家学深厚，研习律学家风一直延续到东汉，后世有陈宠、陈忠等律学名家。

三、汉代律学的历史意义

汉代律学的产生顺应了经学发展的时代潮流，成为儒家思

---

[1]《汉旧仪》上卷。
[2]《后汉书·郭躬传》。

想向整个社会渗透,而在法律注释学领域形成的一种特殊的法律文化现象。汉代律学在两汉相当长的时期内,对整个国家法律制度建设起到了重要的作用,对中国封建社会法制的健全和完善起了重要推动作用。其历史意义主要体现在以下方面:

1. 汉代律学是推动法律儒家化的重要途径

汉代律学是在儒家思想对整个社会治理模式的影响的大背景下产生的。在统治者开启儒学取士的大门以来,一大批研修儒学经典的鸿儒走进整个权力系统,成为封建国家执行法令的各级官吏,他们在司法实践中将对儒家经典的研究与律令条文在法律实践中的运用紧密结合。熟悉律令,通晓儒家经典,越来越成为整个官僚群体的必备素质。从法律的制定、法律的执行以及诉讼纠纷的解决,无不受到律学研究理论成果的影响,一些律学大家所形成律章句成为官僚士大夫执法司法实践操作的重要参照。律学家通过律章句将儒家经典理论原则与整个社会法律运行实践结合,将法律儒家化推向更高阶段。

2. 汉代律学为后世法典编撰奠定理论基础

汉代律章句学的繁荣和兴盛,对法律理论和实践的推动,为后来的魏晋律学发展和法典编撰提供的重要的理论基础。汉代律学家对很多法律观念和原则进行了较为系统性的解释,并形成了一大批有重要学术价值的章句著作,虽然这些文献基本已经散佚,但是从现存史料和考古发掘的简牍残片中仍可以窥见其盛况。汉律章句的成果直接成为著名的《泰始律》的重要理论来源。西晋《泰始律》的主要起草人,律学大家张斐向皇帝呈报的《律表》,从法律概念的解释、到章句结构和语言风格,与汉律学一脉相承,"似皆汉人章句之旧文。"[1]

---

[1] (清)沈家本:《历代刑法考·汉律摭遗》(卷二十)。

3. 汉代律学为司法实践提供了重要参照

汉代律学的产生本身就是适应儒家官僚知识分子，出于解决执行法律过程中产生的诸多法律问题的需要。在实际的司法与执法实践中，通过对于汉代法律、法令的辨析和解释，用儒家经典的原则精神来统率整个律章句学研究，为司法实践提供了重要的理论参照。儒家官僚知识分子通过律章句学，成为沟通封建国家立法与社会生活实践中法律具体运用的中介和桥梁，法律解释立足于法律实践，阐释儒家伦理道德价值，将法律的稳定性与法律的灵活性、法律的工具性与法律的伦理性紧密结合，使法律与社会生活实现了某种程度的互动和沟通。

第二章　魏晋南北朝法律思想

魏晋南北朝时期是我国历史上重要的转折时期[1],自曹丕代汉到隋兴,前后延续三百七十余年,虽然有西晋短暂的国家统一,但大部分时间里南北分立,地方割据,出现二十余个短命王朝,社会动荡,战乱频仍,给人民带来深重灾难。该段历史从总体上呈现以下特征:一是政治动荡。王朝迅速更迭,三国维持了半个世纪后,西晋短暂统一,不久被北方少数民族匈奴攻陷长安,此后一直处于战乱频繁的混乱状态。二是南北分裂。在大分裂的整体历史进程中,全国逐渐形成了南北对峙的分裂局面,北方在游牧民族的冲击下,建立一系列少数民族割据政权,而南方则在晋人大规模南渡长江以后,在长江两岸建立偏安的南方政权。三是民族大迁徙大融合。正是在这样的分裂背景下,加速了北方、南方各地少数民族大迁徙、大碰撞,并在中原先进汉文化的影响下,形成了前所未有的民族大融合、大交流态势,对整个华夏民族的形成产生了深远历史影响。四是思想文化、社会观念大交流、大汇聚。这一时期,无论是从统治阶级的士族精英文化,还是到庶民百姓,从汉族主体到少

---

[1] 关于魏晋南北朝时期的历史分界,史学界有争议,详请参看王仲荦、范文澜、白寿彝等学者相关论述,笔者采用传统观点,将曹丕称帝作为起始年代,但论述时兼顾汉末思想史。

数民族,从中原文化腹地到边疆民族地区,都形成了激荡、摩擦、流布和相互交融,外来的佛教文化在民族融合大背景下,进入中华文化视野,融入到中华文化大融合构架中,使得该时期呈现儒、玄、佛等多种思潮并存和交融现象,对中国文化的历史发展产生了重大影响。

第一节 儒学与魏晋南北朝主流政治法律思想

一、魏晋南北朝儒学思想背景

魏晋南北朝儒学与两汉经学的发展密切相关。儒家学说自董仲舒提出"推明孔氏,抑黜百家"政治主张并被汉政府采纳后,在西汉一度复兴。儒学在两汉时备受推崇,上至朝廷,下至士庶皆以治儒学为务,以习孔孟为荣,对此后中国政治实践和思想文化发展产生了深刻影响。两汉时期,儒家学者以"五经"为特色,发展出"经学"学术传统。所谓"经学"是相对于"子学"[1]而言的,两汉时期诸儒讲经,大多归宗今文经学,古文经学不显明。"今文"指的是汉代通行的隶书,"古文"指秦始皇统一中国以前的古文字。传授经典的学者,其所持经典用战国时古字写的即为"古文家",用隶书写的便是"今文家"。在西汉朝廷中,不仅担任教职的太常博士都是今文家,就连那些达官显贵也都是通过治今文经而得官的,东汉古文经学的研究逐渐兴起,但列于学官的仍然是今文经学流派,熹平

---

[1] 子学即诸子之学,按照冯友兰先生说法为"古代哲学,大部分即在旧所谓诸子之学之内。故在中国哲学史中,上古时代可谓为子学时代。此时代之诸子,司马谈将其分为阴阳、儒、墨、名、法、道德六家。名为家者,以诸子皆以私人讲学故也。"参见冯友兰:《中国哲学史》,华夏出版社2009年版,第17页。

四年汉朝政府立石经于太学门外作为典范，但仍然是今文诸经[1]。直至郑学，今古文开始趋同。今文经学与古文经学，在经书的字体、文字、篇章等形式上，在经书中重要的名物、制度、解说等内容上大都不相同。今文经学近于哲学，强调"经世致用"，注重义理阐发；古文经学近于史学，讲究考据，注重文字字义解释。相互之间由此产生了理论路向上的矛盾和冲突。到清末，以皮锡瑞、康有为为代表的今文经学家，与以章太炎、刘师培为代表的古文经学家，又形成了近代的今古文经学之争。今文古文经学此消彼长、延续不绝，对不少学术领域影响了二千年左右，在中国历史上占有重要的地位。

魏晋南北朝儒学从总体上是沿袭自东汉以来古文经学的发展趋势，以杨雄、王充等为代表的古文家，扫除西汉以来受阴阳谶纬理论影响的今文经学"非常可怪之论"，使儒家与阴阳家学说分离，对于结束两汉思想脉络之局面，开魏晋学术新风，有重要意义[2]。魏晋以来，政治动荡，诸侯割据，兵连祸结，伴随着民族矛盾和民族融合、外来文化交流，以夷夏之辨为内容的文化碰撞，加上社会阶层出现了中国历史上士庶对立、士族与君权对立的特殊结构形态，这一切都必然对置身其中的正统儒家学说带来了不同程度的影响，使之具有明显的时代特色，注定了正统儒学成为一种对历史承前启后，整合变动的时代精神的主线。

二、魏晋南北朝儒学的主要特征

（一）从学在官府、门阀到学术下移

从魏晋到南北朝，士族势力在国家政治生活中经历由盛到

---

[1] 参见唐长孺：《唐长孺社会文化史论丛》，武汉大学出版社 2001 年版，第 3 页。

[2] 参见冯友兰：《中国哲学史》，华夏出版社 2009 年版，第 193 页。

衰历史发展过程，与此相应的正统儒学，体现了士族门阀的影响。门阀主政，士族势力扩张，是自东汉魏晋以来特殊的社会现象。士族门阀制度成为魏晋南北朝整个时代的独具特色的社会制度。大抵而言，士族制度经历了四个阶段，即东汉后期的萌芽时期、曹魏西晋初步形成、东晋南北朝前期的正式确立和鼎盛与南北朝后期衰落[1]。而士族政治的意识形态虽然受到玄学的影响，但是对于正统儒学来说，自西汉以来儒生经学知识分子主导的官方意识形态没有根本改变。自东汉以来，士族通过研习儒家经典，逐渐掌握了统治阶级文化权力，很多世家大族依靠对经学的研究，成为名士硕儒，学而优则仕，由此成为封建政权经世致用所需的栋梁之才。进入统治权力结构上层的门阀中人通过传承家学，进一步巩固了士族门第制度，不少世家大族传"累世经学"，世代为官。从刘宋儒学家来看，据《宋书·臧焘徐广傅隆传》，刘宋大儒大多数都以儒学世代相传[2]。南齐贾渊一家"三世传学，凡十八州士族谱，合百帙七百余卷，谙究精悉，当世莫比"[3]。又如《南史·儒林传》称会稽贺文发一家"虽不至大官，而三世儒学，俱为祠都郎，时论美其不坠"。

到了南朝，特别是南朝中晚期以后，士族势力逐渐衰落，一批出身庶族寒门的知识分子逐渐取代士族走上历史舞台，他们精通儒家经典以经世致用，与士族崇尚清谈和易老玄学相比，适应了最高统治者巩固政权的时代需要。虽然庶族知识分子在

---

[1] 白寿彝：《中国通史》，（第五卷）祝总斌撰《门阀制度》章，转引自曹文柱、李传军："二十世纪魏晋南北朝史研究"，载《历史研究》2002年第5期。

[2] 见吴正岚："六朝门阀制度对江东士族儒学的影响"，载《南京大学学报》2004年第6期。

[3] 《南齐书·文学贾渊传》。

政治地位上无法真正取代士族势力，但是在儒学学说的研究已经超越了过去世代研习儒学的世家士族局限，陈朝徐仪"少聪警，以《周易》生举高第为秘书郎，出为乌伤令。祯明初，迁尚书殿中郎，寻兼东宫学士。"[1]《南齐书》载刘瓛"承马、郑之后，一时学徒以为师范。虎门初辟，法驾亲临，待问无五更之礼，充庭阙蒲轮之御，身终下秩，道义空存，斯故进贤之责也。其余儒学之士，多在卑位，或隐世辞荣者，别见他篇云。"[2]《南史》载沈峻"家世农夫，至峻好学"。庶族知识分子通过治儒学，逐渐获得了与士族地主阶级分庭抗礼的政治地位，并且，逐渐兴起的庶族地主及平民知识分子通过学习儒家经典，打破了过去士族垄断的学术研究的狭隘性，推动了儒学向社会低级阶层转移，儒学不再是士族贵族或者世家的专利，从一定程度上有利于儒学发展和进步。

（二）衰于北而盛于南

魏晋以来，北方多战乱，南方相对维持了较为安定的社会局面。在北方儒学发展受到了战乱影响时断时续，同时北方在佛教、玄学等非正统学说的冲击下，儒学发展出现衰弱趋势。与两汉时期郑玄等一批经学大家著书立说，太学一度有生员数万的盛况相比，此时的儒学已经风光不再。特别是永嘉之乱后，士族和流民纷纷背井离乡，南渡以躲避战火，北方儒学的发展更是受到前所未有冲击。且东汉以后学术文化"重心不在政治中心之首都，而分散于各地之名都大邑。是以地方大族盛门乃为学术文化之所寄托"。[3]黄巾起义和董卓之乱后，洛阳作为全国学术文化中心已经毁于战火，而荆州刘表提倡儒学，大兴

---

[1]《陈书·列传第二十》。
[2]《南齐书·列传第二十》。
[3] 陈寅恪：《金明馆丛稿初编》，北京三联书店2001年版，第147页。

儒学教育，在襄阳、荆州招贤讲学，成为全国继洛阳后名副其实的学术中心，史载刘表"乃命五业从事宋衷所作文学，延朋徒焉"，致使荆州"道化大行。耆德故老綦毋闓等，负书荷器，自远而至者，于是童幼猛进，武人革面，总角佩觿，脱介免胄，比肩接踵，川逝泉涌"[1]。荆州与东吴、蜀形成了相对繁荣的儒学文化中心。南朝时期，虽然随着北方士族南渡江东，与江东本地士族存在士族等级差别，但并不妨碍各自承续的以家族学为传统儒学的发展。据历史记载，南朝士族继续精研儒术，世代相传，加上学术下移，社会普遍修习儒家经典，带来南朝虽偏安一隅，但儒家文化延续不断，推陈出新的局面。刘宋朝王俭"先是宋孝武好文章，天下悉以文采相尚，莫以专经为业。（王）俭弱年便留意三礼，尤善春秋，发言吐论，造次必于儒教，由是衣冠翕然，并尚经学，儒教因此大兴"[2]。

（三）儒学学术交流更加频繁

儒学在汉末以来，随着学术中心南移，士族势力的兴起，州郡普遍设置学官，促进儒学进一步发展。民族大迁徙，民族大融合，以及各割据政权为延揽儒学名士，促进了儒学的学术交流。学术交流的深度和广度均较前代明显，这一方面表现在儒学的跨地域的交流融合。东汉末年，北方战乱不断，很多儒学名士纷纷难逃躲避战乱，为南方荆州、东吴所用，将本方儒学研究成果带到南方。荆州刘表广纳贤才，"关西、兖、豫学士归者千数，表安慰赈赡，皆得资全。"[3]在荆州刘表设置的官学讲经修儒的名士闻名遐迩，均为当世研究儒家经典的大儒，如宋衷、司马徽等，吸引了全国各地儒生前往交流研习，《三国志·尹

---

[1]《全后汉文》卷九十一。
[2]《南史·王俭传》。
[3] 参见《后汉书·刘表传》。

默传》载,尹默"梓橦涪人也,益部多贵今文而不崇章句。默知其不博,乃远游荆州,从司马德操宋仲子等受古学,皆通诸经史。"宋衷不仅是荆州学术流传到益州的代表人物,而且还通过儒士之间的交流,将其学术传播到东吴以及北方的邺下、洛阳,形成学术跨地域交流融合的趋势。其次是儒学与当时逐渐兴起的玄学、佛学等不同的思想文化之间交流频繁。南北朝大儒中,很多人既精通儒教经典,还兼修老庄玄学,研究佛教经典,从与不同学派彼此交流中不断提升儒家学说的理论深度和影响力。

(四)儒学学术水平逐步提高

儒学在魏晋南北朝时期,虽受到时代特殊的政治、社会影响,在局部来看呈现势衰的现象,但是,这一时期儒学研究也体现了不同于两汉时期的若干进步性特征。一是整体研究理路转换。两汉时期在大部分时期内,儒学受到阴阳谶纬影响,儒学精神受到一定程度的歪曲和改造。两汉流行今文经学,儒生讲经过于繁琐,囿于章句的束缚,义理之学受到一定程度上抑制。汉代研究儒家经典专于一经,太学设置五经博士,学者习惯于作章句以解释经典,"汉时贤俊,皆以一经弘圣人之道,上明天时,下该人事,用此致卿相者多矣"[1],致使"累世不能尽其学,当年不能究其事"。但东汉末以后,随着学术门户被打开,儒学学者研究儒家打破家法、师法的界限,提倡古文经学,融会贯通,提高儒学研究水平。东汉末年,学者研究儒家经典,不再专守固有的窠臼,汉代大儒郑玄之今文学在魏晋时期不再受到推崇,纷纷以古文经学为风尚。"空守章句,但诵师言,施之世务,殆无一可。"[2]。《南史·刘瓛传》记载,"江左儒门,参差互出,虽于时不绝,而罕复专家"。二是儒学研究水平逐渐深

---

[1] (北齐)颜之推:《颜氏家训·勉学》。
[2] (北齐)颜之推:《颜氏家训·勉学》。

入。如杨雄是西汉末年重要的思想家，著有《太玄经》，该书被称为"乃与六经相似，非传记之属"[1]，然而在此后近两百年间，汉代经学家几乎将其忽略而不谈，直到荆州讲学的宋衷作《太玄经注》后，该书由重新进入人们的关注视野，引起了南北朝学人的研究兴趣。此外，由于两汉时期的经学鼎盛，南北朝时期在吸收前人研究成果基础上，博采众长，注重文风简约，充分领会儒家经典要义，推陈出新，深化了对经典的认知，提高了学术研究的理论层次。南北朝儒学学者吸收佛教的义疏方法，将儒家经典研究成果进行系统整理，形成后世流传的经文与疏证合一的义疏本。如《魏书·儒林传》载，徐遵明以《永嘉旧本服氏春秋》为母本，手撰《春秋义章》三十卷。[2]其实所谓义疏就是经文与疏文合一的形式。同一时代，还有许多儒学大家分别撰写这种合一的注疏本，如《尚书述义》、《毛诗章句义疏》等，反映出儒学学术的进一步规范化，这为后来隋唐时期编订《五经正义》等打下良好的基础，对儒学发展功不可没。

三、魏晋南北朝儒家政治法律思想

这一时期儒家法律思想是整个时代背景、时代学术发展状况与社会实际需要在法律上的观念反映。从总体来说，该时期法律思想是对前代思想的继承、整合与发展，代表了儒家法律思想发展的新阶段，对后来封建统治思想产生了直接影响。具体体现在法律儒家化的进一步发展；君主制中央集权在调整中强化；司法宽缓矜恤化人性化；维护士族门阀政治特权。

---

[1]《后汉书·张衡传》。
[2] 转引自王晓卫："论佛教对北朝儒学的影响"，载《贵州大学学报》1998年第6期。

(一) 儒家基本道德集中入律，法律儒家化进一步发展

所谓儒家基本道德，是按照以董仲舒为代表的新儒家学派观点，拟阴阳以道人伦，阳为上，阴为下，阳为主，阴为从，阳尊阴卑，尊阳抑阴，从而确立君为臣纲、父为子纲、父为妻纲的封建社会法制原则。孔子讲忠恕孝悌之道从没有将其与阴阳尊卑相联系，而以董仲舒为代表的新的封建正统儒学虽然与孔子时代儒家的思想大异其趣，但这一定程度上代表汉以后正统儒家思想的基本宗旨和理论框架。魏晋南北朝时期，统治者积极倡导以"三纲"为核心价值的封建伦常，将集中体现了忠孝节义的一批基本原则上升为国家法律，将代表社会普遍价值以国家强制手段广泛深入到社会领域，从而有力维护统治秩序，对后世法律传统产生了不可估量的影响。

1. 首创"重罪十条"

重罪十条最早来源于"十恶"，最初为佛教中的用语，指十种当招致严重因果报应的恶业，又称"十恶业道"。南北朝时期《齐律》第一次将十种严重危害国家安全与道德伦常的犯罪列于律首，称为"重罪十条"。《齐律》道："列重罪十条：一曰反逆，二曰大逆，三曰叛，四曰降，五曰恶逆，六曰不道，七曰不敬，八曰不孝，九曰不义，十曰内乱。其犯此十者，不在八议论赎之限。"在北齐以前，随着汉代以来法律儒家化逐步发展，在经学研究的推动下，儒家基本精神价值逐渐被纳入统治者关注范围，以儒学士人为主体的官僚体系不断推动以体现儒家基本价值，对体现统治者加强统治权威秩序的基本伦常作出适应时代需要的阐释，并通过立法、司法、执法、法律研究将儒家道德普世化。"重罪十条"虽在北齐首次颁布，实际上以往的王朝大部分已经反映在法律体系中，十条重罪中有九条明显出现在以往的法制实践中，北齐律所做的实际上是一次系统整

理和法律上重申（参见下表）。从总体上看，"重罪十条"基本是维护两种社会秩序，一种维护代表君主专制的政治统治秩序，反逆、大逆、叛、降、不敬等打击的是威胁君主权威，危害整体封建政统的政治体系的犯罪，属于刑法首要打击的对象；一种是维护和谐家族关系、社会秩序，即恶逆、不道、不孝、不义、内乱与封建统治秩序的社会层次的维系密切相关。北齐"重罪十条"，既是对汉魏南北朝以来儒家法律思想的深化，也是对儒家法律思想研究的总结，对后世的历代法制精神产生的重大影响。

附："重罪十条"条文的简明比较归纳表

北齐律	唐律对应条文	罪名入律年代	侵害的法益
反逆	谋反	较早	专制君权
大逆	谋大逆	较早	专制君权
叛	谋叛	汉代	专制君权
降	谋叛	汉代	专制君权
恶逆	恶逆	南北朝	亲属伦理
不道	不道	北齐	亲属伦理
不敬	大不敬	秦朝	专制君权
不孝	不孝、不睦	曹魏	亲属伦理
不义	不义	秦朝	亲属及拟亲属伦理[1]
内乱	内乱	秦朝	亲属伦理

---

〔1〕 该处所说的拟亲属伦理，是指古代将师徒、官民、职业隶属等方面关系比作父子关系，是由亲属关系向外推，属于拟制的亲属关系，可参见林端：《儒家伦理与法律文化》，中国政法大学出版社2002年版。

2. 服制原则入律

在魏晋以前,丧服制度一般是在礼乐制度中规定。服制,即"五服"或"五等丧服"制度,是自商周以来逐渐发展的一套根据亲属关系远近确定丧服礼仪等级、规格、形式和内容的一项宗法等级制度,其基本精神来自于儒家倡导的亲亲父为首,仁者爱人,爱有差等原则,循以礼让孝悌教化百姓,治理国家,修身齐家方能治国平天下这一基本理路。西晋统治者在结束长期分裂割据以来,急需巩固统治秩序,维护地主阶级根本利益,在律典中正式确立"峻礼教之防,准五服以治罪"[1]的基本法律原则。这一原则沿袭了西汉以来的儒家经学家以经注律、以经解律的传统,同时也是从过去"原心论罪"、"原情论法"向"援礼入法"、"礼制律化"的一个明显时代转向,是封建法制礼法化发展的一个新阶段,是儒法合流的重要标志。五服论罪这一法律原则历朝倍受推崇,奉为圭臬,相沿不改。

"五服"是根据亲属关系远近,从本人算起上至高祖,下迄玄孙,共九代直系亲属和关系较近的旁系亲属,在规定的范围内按照尊卑、上下、亲疏原则穿戴不同的丧服、遵守不同服丧期限以及其他丧葬制度规范。五等丧服分别为:斩衰、齐衰、大功、小功、缌麻。斩衰即守孝三年,子为父母、妻为夫此丧礼,通常用极其粗糙生麻布;齐衰服丧期限为期年(一年),用较为粗糙的生麻布做丧服,孙为大父母、夫为妻准此服制;大功为九个月,用粗熟麻布为丧服,女子为堂兄弟,出嫁女为伯叔父母以及兄弟等准此;小功五个月,用稍微粗糙的熟麻布为丧服,为本人曾祖父母、伯叔祖父母、堂伯叔父母等准此;缌麻三个月,用细熟麻布为丧服,为曾祖之兄弟、祖父之堂兄弟、

---

[1]《晋书·刑法志》。

父亲之共曾祖的堂兄弟、本人之共高祖的堂兄弟等准此。

"五服"制度入律，不仅包括了"准五服以治罪"的刑事法制原则，而且包括了处理涉及亲属宗族的政治、经济、文化等范畴，包含了广泛的社会关系调整范畴。这里为了将问题简化，仅仅在涉及刑法方面进行阐释。按照这条原则，在刑法立法和司法、执法方面，要求将犯罪概念、犯罪构成、刑罚罚则，严格参照服制礼仪的规定，严格区分不同丧服等级与尊卑伦常的不同的法律权利义务配置，体现亲亲尊尊的基本道德伦理评价。比如在人身伤害犯罪中，如果以卑犯尊，服制关系越近，那么刑罚越重，相反如果以尊犯卑，服制越近，那么刑罚越轻；在财产犯罪如盗窃等犯罪中，刚好相反，服制越近，处罚越轻，服制越远，处罚越重。这里面实际包含了古人这样一种基本的道德前提，即作为家族长辈，理所当然他是家族受到尊敬的人，需事亲孝且顺，如果一个人胆敢无视这样一个基本礼节，反而对长辈加以拳脚甚至严重伤害，不孝到了极点，所以应该对于以"下"犯"上"施加相对更重的处罚。同时，古人认为同居共财，只要是一个家庭的，财产具有某种与一般私人所有权不同的公共性，即使是偷窃也不应该认为是一般的偷，应该依据不同情形予以从轻处罚，以不违背亲属之间同居同财、相互协助的良好风尚。"五服"制度入律，"准五服以治罪"，这一法律思想和法律原则自创立起，对整个国家法律传统、法律精神产生了深刻影响，后世的律典中一直在重申甚至强化这种原则。我们应该辩证地看待这一制度背后的价值与意义，从某种程度上说，它体现了人类本性和天然情感中的客观追求。只要人类还有家庭、亲属关系存在，只要人类还把血缘、家庭、婚姻作为人际关系的一种特殊因素加以考虑，"亲亲尊尊"就是一种无可摆脱的心理习惯动力,一种联接个人与社会不可跨过的纽带。[1]

3. "八议"与官当

儒家本着"刑不上大夫,礼不下庶人",亲亲尊贤等基本道德价值考量,针对特殊主体犯罪确定一定的减轻、免除刑罚的原则,魏晋南北朝时期,这些基本原则体现在法律的制度规定中,其中最有代表性的就是"八议"和官当制度。"八议"来源于《周礼·秋官·小司寇》,"以八辟丽邦法,附刑罚;一曰议亲(皇亲国戚)之辟;二曰议故(皇帝故旧)之辟;三曰议贤(有大德行的人)之辟;四曰议能(才能卓著的)之辟;五曰议功(功勋卓著的)之辟;六曰议贵(公卿贵族)之辟;七曰议勤(勤于王事的)之辟;八曰议宾(前二朝皇族后裔)之辟。""八议"在曹魏时期正式纳入制定的《新律》中,体现了法律儒家化的趋势,后代相沿。

所谓"官当",即在国家官僚犯罪后,允许其以自身爵位或者官职抵罪的一种制度。自西晋开始,这一制度将官员职位作为抵免实际应当执行的刑罚,如"除名比三岁刑"[2]。北魏时期,官当适用范围进一步扩大,爵位亦可以抵免相当的刑罚,"五等列爵及在官品令从第五,以阶当刑二岁;免官者,三载以后听仕,降先阶一等"[3]。北魏后期还将官当的特权扩展至无官品的州中正官。南朝《陈律》第一次以"官当"命名,并进一步规范了官当的适用范围、标准。官当制度一方面是儒家思想的进一步法律化的体现,另一方面也体现了统治者进一步笼

---

[1] 范忠信:《中西法文化的暗合与差异》,中国政法大学出版社2001年版,第167页。

[2] 《太平御览》卷六百五十一。

[3] 《魏书·刑法志》。

络官僚阶层，以更好巩固统治秩序的意图。

（二）加强君主专制集权，兼顾维护士族特权

魏晋南北朝时期，长期南北对峙，分裂割据，士族门阀势力逐渐发展壮大，很多王朝实际上是在豪强、士族势力支持下建立起来的，因此不可避免地存在强化君主权力与维护士族门阀特权的矛盾斗争。随着南朝末年士族衰落，君主集权逐步强化，国家重新走向统一的发展道路。总体而言，这一时期法律思想明显带有加强君主专制集权与维护士族门阀利益的两种向度之时代特色。

1. 三省六部制度的初步建立

三省六部制度在魏晋南北朝时期初步成形，正式形成于隋唐。三省分为尚书、中书、门下，下设六部，这一制度的形成充分体现了中央集权的发展趋势，是维护君主集权最重要的行政官制。这一时期三公九卿制度衰落，而代之以更加高效执行政令，充分贯彻君主集权意志的三省制度。

尚书来源于秦朝少府属官尚书，汉成帝时首次设置"尚书"，开始分曹办事。东汉尚书台下属六曹尚书，长官为尚书令；尚书台权力极重，出诏令、政令，掌管朝臣选举，还拥有纠察、举劾、典案百官之权，参预国家重大政事的谋议、决策，对朝政有着重大影响。尚书台权力虽重，但台官职位卑微，长官尚书令不过千石，尚在九卿之下，这样位卑权重，皆由皇帝亲任干练之士充任，便于控制。三国时，尚书台已正式成为全国政务的总汇。曹操为魏王时，置秘书令，典尚书奏事。东晋以后，录尚书之权渐分，有时以三四人并录尚书事。宋孝武帝孝建中，为防大臣威权过盛，遂省去录尚书之职，以后置废不常。北魏拓跋珪于皇始元年始仿魏晋立尚书台，置三十六曹。西魏时，宇文泰以大行台执政。大行台的组织略同于尚书省，

有仆射、尚书、丞、郎等职。隋文帝杨坚代周称帝，于开皇元年恢复了尚书省，并使之成为名副其实的全国最高行政机构。中书省来自汉朝的中书谒者，魏文帝时期改为中书监，又称为中书省，参与国家机密大事，为了与尚书部门相互制约，曹魏时期规定中书监负责起草诏令，尚书负责执行。门下省的前身为秦设置的丞相史，汉代为侍中，为皇帝天象、礼仪、文学等顾问，魏晋时期逐渐称为皇帝近臣，掌管诏书和奏章，行使封驳权。三省六部制度的逐步形成，是适应了两晋南北朝君主集权扩张的需要，体现了封建专制主义政治思想的逐步成熟和完善。

2. 九品中正制度与维护门阀政治特权

这一时期九品中正制度的产生、发展和衰落，与士族门阀势力和士族等级特权意识形态的消长有密切关系，从本质上讲是维护士族在政治上的利益的一种特殊法律制度。

九品中正制正式确立于曹魏文帝时期，根据儒家忠孝原则来评价和选择人才。曹魏政权要求各州郡推举有声望的士人出任大小中正官，有中正官负责综合考察士人家世、才能和品行，在此基础上将人才分为"上上、上中、上下、中上、中中、中下、下上、下中、下下"九个等级，作为中央选官吏的参考标准，郡大小中正为初评，州大小中正审核，中央则报司徒，司徒复核各州上报材料后，交尚书吏部决定。各郡大小中正在考察士人时，参照"一曰忠恪匪躬，二曰孝敬尽礼，三曰友于兄弟，四曰洁身劳谦，五曰信义可复，六曰学以为己"等六条评价人才。九品中正制在前期起到了一定的积极作用，但是由于掌握选举的各级官吏逐步为士族势力掌握，逐渐导致这一制度成为士族门阀维护政治、经济和文化特权地位的工具，形成上品无寒门，下品无士族的门阀垄断局面。这一制度后随着南朝灭亡，被科举选士取代。

（三）缓和阶级矛盾，体现法律宽平仁恤精神

魏晋南北朝时期，统治者为缓和阶级矛盾、民族矛盾和社群矛盾，维护政权稳定，推行了一系列以刑罚宽缓、司法仁恤为特征的法律措施，创立了一些独具时代特色的制度，展现了法律发展的新变化，极大丰富了传统法律文化。

1. 刑罚趋向宽缓

刑罚自汉文帝改革以来，在这一时期进一步趋向人道化、轻刑化发展。首先是刑罚种类进一步明确，曹魏《新律》规定为七种三十七等刑罚，西晋《泰始律》进一步简化，确定为死刑、髡刑、赎刑和杂抵罪，共计为"生罪不过十四等，死刑不过三。"[1]《北齐律》正式确立"死、流、耐、鞭、杖"五刑，北周进一步改为"死、流、徒、鞭、杖"，至此二十五等的五刑制度正式建立，为隋唐立法沿用。其次，肉刑和耻辱刑罚逐步退出历史舞台。西魏时期正式取消了汉代的宫刑，北齐时期将髡刑正式改为徒刑。最后是进一步缩小了株连范围，曹魏《新律》规定凡大逆不道等重罪，本人腰斩，家属从坐仅及于父母子女，不诛及祖父母与孙子女。南朝时期《梁律》规定，凡谋反、叛降、大逆以上重罪，本人处斩，父子及同胞兄弟一律弃市，母、妻妾、姐妹等妇女则免死，籍没为奴。这开妇女免死的先例，为后世沿用。北朝也相应进一步缩小诛连范围，从而体现了刑罚宽缓化趋势。

2. 司法裁判更加理性

魏晋南北朝时期，统治者更加注重司法公平、公正，改进并创新了一些司法制度，推动了司法朝更加理性化方向发展。

---

[1]《晋书·刑法志》。

首先，统一死刑复核权。曹魏明帝下令廷尉及各级官吏就恩赦死囚奏报朝廷，南宋武帝规定凡死刑重案必须上报朝廷，北魏太武帝要求各地死刑案件一律上奏，由皇帝亲自过问。由中央复核死刑，剥夺了过去地方长官死刑核准权，有利于死刑司法标准统一，防止擅杀滥杀，体现对生命权的重视。其次，进一步简化诉讼程序，便于当事人诉讼。曹魏时期改变汉代乞鞫制度，规定两年以上徒刑案件，得以本人身份乞鞫，北魏赋予当事人申诉权，"狱已成及决竟，经所绾，而疑有奸欺，不直于法，及诉冤枉者，得摄复治之。"〔1〕再次，为充分保障当事人的申诉权，进一步完善直诉制度。晋朝武帝设置登闻鼓，允许百姓以击鼓鸣冤形式直接向朝廷申诉，有利于中央及时发现和纠正各地冤假错案，维护无辜当事人合法权益。最后，皇帝亲自参加重大案件审理和重视推行录囚，加强司法案验制度，以监督地方司法活动，进一步推动的司法更加规范化，促进司法结果公平公正。

3. 刑讯与刑罚执行更加人性化

魏晋南北朝时期在刑讯逼供和刑罚执行上均进行进一步改革。在刑讯手段上，讲究"拷讯以法"，克服以往刑讯残忍、手段残酷的弊端，对刑具、刑讯方式与刑讯次数进一步规范，南朝梁、陈两朝分别创立"测罚"、"立测法"，较过去更具人性化，"测罚之法，惟梁陈用之，上测有时，行鞭有数，以视残酷无度者，实为胜之"。〔2〕在刑罚执行方式上，北魏创立了"存留养亲"制度，即当死罪和流罪犯人的直系尊亲属因为年老或疾病不能生活自理，家中无其他成年男丁奉养，国家允许对其暂缓执行刑罚，以让其尽赡养之责，待老人去世后再考虑执行

---

〔1〕《魏书·刑法志》。
〔2〕（清）沈家本：《历代刑法考·刑法分考》，中华书局1988年版，第508页。

原来判决。这一制度充分体现了法律的原则性和灵活性，体现了亲属伦常的价值考量，为后代一直沿用。

第二节 玄学及其政治法律思想

研究魏晋南北朝时期思想文化史，不得不谈及玄学。所谓玄学，其名称实际上来源于老子"玄而又玄，众妙之门"[1]。两汉以后，许多知识分子从儒家经学注释转向了"三玄"（《老子》、《庄子》、《周易》这三本书合称"三玄"），他们崇尚老庄的自然哲学，在"有"与"无"、名教与自然、名与实等问题上进行了深入思考，展现出了不同于两汉经学和谶纬神学的新学术气象，这种实际上杂揉了多种学说流派思想的新思想范式，为很多知识分子特别是代表士族的名士推崇，成为一种具有浓厚时代特色的意识形态。对于玄学，由于其产生的时代背景，学说观点的芜杂、思想形式的多样，往往为我们了解其真相和评价其主客观价值增加了一定困难，但是通过对于其进一步了解，可以更好的真切感受到一个重要变革、转折时期的重要特征、思想脉络和文明轨迹，更好的深入认识中华文化源远流长的文化曲折流变史和生成史，以资于当今社会若干思想问题的认识与研究。

一、玄学思想主要来源与时代特征

1. 玄学思想主要来源

玄学作为一种较为系统的思想范畴，实际上有几个主要源头，融合了道、儒、名、法等各家学说。道家学说是玄学的主

---

[1]《道德经》。

要思想来源，玄学家尊"三玄"，他们理论的很多观点来自于老庄哲学与《周易》。《周易》实际上是"五经"之源[1]，是儒家学说和道家学说的共同源头。在两汉经学时代，儒学士人进行过系统的注释，但是无论汉代今文、古文经学，均重视象数占验之类的卜筮之学，魏晋以来，很多儒学学者研究易经注重字义、文理解释，一扫汉代偏重象数的风气，为玄学提供理论支持。同时，名家法家学说所探讨的"形名"[2]之学，也为玄学的发展提供了理论参照。东汉时期统治者推行的名教之治，以此作为制定政策和选拔官员的标准。但是到了东汉末期，政府单纯重视名教，士人刻意追逐声名，造成选举的士人名实不符，言过其实，有名望而无能力，不能满足政府对各级人才要求，加之地方割据和士族势力的兴起，必然会从思想理论和政治制度设计上，对过去流行的名教之治的治国理念和模式进行改造和创新。从名理发展到无名，从名教之单纯的儒学发展到儒学影响下的玄学，乃是历史发展的必然[3]。

2. 玄学思想主要时代特征

（1）玄学思想的理论融摄性。所谓理论融摄性，就是玄学思想自从正式产生起，就注定和道家、儒家、名家多种学说有着千丝万缕的联系。和道家的联系，是不言自明的，玄学家的学说基本上均来源于老庄，或者偏向老子之学或者偏向庄子之学[4]。提出无名论的何晏，认为"自然者道也，道本无名"，

---

[1] 参见熊十力：《读经示要》，中国人民大学出版社2006年版，第8页。
[2] 参见唐长孺：《唐长孺社会文化史论丛》，武汉大学出版社2001年版，第13页。
[3] 参见唐长孺：《唐长孺社会文化史论丛》，武汉大学出版社2001年版，第23页。
[4] 参见唐长孺：《唐长孺社会文化史论丛》，武汉大学出版社2001年版，第23页。

"夫唯无名,故可得遍以天下之名名之,然岂其名也哉"。[1]这就从过去的一味照搬儒学的名分,开始向无名转变,为树立统治阶级的权威进行理论上的阐释,为其统治的合法性提供依据。魏晋时期很多玄学家,他们玄学儒学兼修,著名玄学家嵇康就曾经"在学写石经古文"[2],东晋庾亮"善谈论,性好老庄,风格峻整,动由礼节"[3]。特别是正统的玄学家,基本上都是从维护国家的名法、礼乐之治,维护现有的社会秩序,与儒学在一些基本认识上存在某种程度上的协调,不是一味的否定名教的现实意义和价值。名家倡导以名举实、循名责实、名实相符,正统玄学家往往注重从名家理论中吸取思想要素,特别是名家所需要的名学逻辑思辨和理论观点,以为他们所服务的当世政权寻找合法性,从而将玄学和名教两者有机统一起来。

(2)玄学思想的阶级利益倾向性。玄学虽然流派众多,但是从他们的思想中,仍然可以看出其所处时代的不同阶级阶层立场的差异。以何晏、王弼为代表的早期玄学代表人物,没有超出他们服务于当朝政权的理论范畴,他们虽然也对汉末以来名教衰落进行了反思,但是仅仅是将名教与自然,将有与无调和起来,以此为君王的名教之治和维护地方士族势力之士族门阀制度提供理论支撑。到了后来的郭象带有玄学总结特征的后期玄学实际上仍然是站在这一立场上来。而如嵇康、阮籍、鲍敬言等一批非主流玄学家,将玄学提高到一个新高度,直接指向当时的政治统治秩序,是一种完全与霸道完全决裂的带有革命性的思想,他们实际上代表的是下层民众的利益,所以他们不可能得到君主甚至与之分庭抗礼的士族势力的支持。

---

[1] 参见唐长孺:《唐长孺社会文化史论丛》,武汉大学出版社2001年版。
[2] 《晋书·赵至传》。
[3] 《晋书·庾亮传》。

（3）玄学对经学传统冲击性。玄学家所处的时代带有明显的衰乱特征，一方面是国内长期的名教之治正统受到了自身暴露出的矛盾的挑战，另一方是五胡乱华带来的亡国与亡天下的历史危机意识。魏晋以来，玄学家虽然儒玄兼修，所谓"圣教救其末，老庄明其本，本末之涂殊而为教一也"〔1〕，然而他们对儒家经典之深刻含义往往带有一定的时代性误解，一种浮躁的风气和清谈的惯习带来的是主流思想界的某种颓废，"魏、晋虽有玄学之名，其实，唯王辅嗣（即王弼）一人，可谓于玄理，有所究明。向秀、郭象、张湛之徒，以华辞自饰，而所得实少。其余诗文家，间有妙语，要不足言学。"〔2〕这种学风，带来了以玄学为尚的士族阶层，大多沉迷于清谈，而对当时民族矛盾异常尖锐，周边割据政权虎视眈眈的严峻社会形势无法承担起救蔽起衰的历史责任，是后世值得借鉴的。〔3〕

玄学虽然是流行于这一时期的主要思潮之一，根据上文所述，因为他们代表不同阶级集团的意识形态，玄学家们的立场并不完全一致。根据现有的研究来看，玄学实际上存在代表统治阶级的正统玄学和超越统治阶级利益的非正统思想两个主要派别，前者包括了前期玄学代表人物何晏、王弼，后期的郭象；后者包括嵇阮、鲍敬言等对统治阶级名教秩序进行强烈批判的玄学家。为了更好地展现玄学家不同的政治法律思想，不破坏各自思想的完整性，我们还是主要按照人物叙述，兼顾不同的玄学派别。

二、何晏、王弼玄学政治法律思想

何晏（约公元190～公元249年），字平叔，河南南阳人。

---

〔1〕《晋书·卷九十二·文苑李充传》。
〔2〕 熊十力：《读经示要》，中国人民大学出版社2006年版，第59页。
〔3〕 熊十力：《读经示要》，中国人民大学出版社2006年版，第59页。

东汉末大将军何进之孙，后被曹操收养为义子，长期生活于曹魏宫庭，曾任礼部尚书，后为司马氏杀害，主要著作有《论语集解》、《道德论》。王弼（约公元226～249年），字辅嗣，魏山阳（今河南焦作）人，为何晏好友，曾任尚书郎。著有《老子道德经注》、《周易注》、《论语释疑》、《王弼集》、《周易大衍论》、《老子指略例》，著作已多散佚。中华书局1980年出版《王弼集校释》。

1. "有"本于"无"、"道"

早期玄学认为社会现象与自然现象从本质上是可以从"有"与"无"的关系中去认识。世界的本源是"无"，即虚无，任何事物之"有"都是生于"无"这个宇宙的本质。何晏认为："天地万物，皆以无为本。无也者，开物成务，无往不存者也。阴阳恃以化生，万物恃以成形，贤者恃以成德，不肖恃以免身。故无之为用，无爵而贵矣"。[1]王弼在《论语释疑》中谈到："道者，无之称也。无不通也，无不由也，况之曰道。寂然无体，不可为象。"[2]王弼将世界本体解释为一种"道"，是宇宙万物的共同的本体，是一种绝对的空寂，不得违背的"常"。任何事物之所以有其具体形态，是因为"必有所由"，"万物之有，必由乎道"。王弼在《老子》第三十八章注中指出，"夫大之极也，其唯道乎。自此以往，岂足尊哉！故虽盛业大富而有万物，犹各得其德。虽贵以'无'为用"，不能舍'无'以为体也。不能舍无以为体，则失其为大矣，所谓失道而后德也。"

2. 名教出于自然

他们的哲学观决定了其在政治法律思想上力图调和自然之

---

[1]《晋书·王衍传》。
[2] 转引自汤用彤：《儒学·佛学·玄学》，江苏文艺出版社2009年版，第229页。

道与名教的关系,用自然来说明名教的合理性,用名教之治论证其自然之"无"的崇高性的立场。"天地以自然运,圣人以自然用。"[1]他们对汉代名教之治的弊端提出了深刻反省,提出了自然之运用的超越名教的理想社会治理模式,提出了对名教之治改良措施。即作为统治者,应该首先效仿圣人"无名"、"无己"的思想境界,"朴,真也。真散则百行出,殊类生,若器也。圣人因其分散,故为之立官长。以善为师,不善为资,移风易俗,复使于一也。"作为最高的统治者应该守朴、真,处静以制动,处"道"而治"器",为社会立"官长","制官长,不可不立名分、定尊卑,故始制有名也。过此以往,将争刀锥之末,故曰名亦既有,夫亦将知止也。遂任名以号物,则失治之母也。"[2]礼乐制度,名教风宪,都受到"自然"之道的支配与规制,当然其本身必然是合理的。

3. 弱化专制,推行仁政

何晏、王弼均从"无为"与自然出发,提出统治者应该循"无为而治",弱化君权,约法省刑,推行仁政。何晏指出"善为国者,必治其身。""所习不正,必择正人;所观察,必察正象。"[3]作为君主,应该首先正己,秉承无为原则,选举德行之人辅助官吏国家,"有为"之臣与"无为"之君主相互配合,"辅千乘则念管、晏,佐天下则思稷、禹"。君主应该"居无为之事,行不言之教,不以形立物。"何、王反对那种操持国柄,驱使广大民众为满足君主或者统治者阶层私欲的有为之政,通过倡导无为之政,达到在一定程度上限制君主权力滥用,弱化君主的权力影响。同时,他们强调要达到君主无为而天下大治

---

〔1〕《无名论》。
〔2〕(晋)王弼:《老子注》。
〔3〕《论语集解》。

的目标，就应该去除烦苛、不仁之政令，关注民意，革除严刑峻法。王弼道"善治政者，无形、无名、无事、无政可举，闷闷然，卒至于大治"，"因物之性，不假刑以理物"。[1]王弼在反对苛政刑罚的同时，对专任刑罚的后果进行了阐述，"若乃多其法网，烦其刑罚，塞其径路，攻其幽宅，则万物失其自然，百姓丧其手足，鸟乱于上，鱼乱于下。"

三、嵇康与阮籍的"越名教而任自然"政治法律观

嵇康（公元223~公元262年），字叔夜，谯国（今安徽省宿县）[2]，三国时魏末文学家、思想家与音乐家，魏晋玄学的代表人物之一，竹林七贤之一[3]，善音律，留下的《广陵散》被称为我国十大古琴曲之一。其《声无哀乐论》、《与山巨源绝交书》、《琴赋》、《养生论》等作品亦是千秋相传的名篇。史载："康早孤，有奇才，远迈不群。身长七尺八寸，美词气，有风仪，而土木形骸，不自藻饰，人以为龙章凤姿，天质自然"。[4]曾任郎中，中散大夫。后因吕巽、吕安兄弟案无辜受牵连下狱，被司马昭杀害，时年四十。

阮籍（公元210~公元263年），字嗣宗，陈留尉氏（今河南省尉氏县人）。曹魏时期玄学家和文学家。曾任东平相、步兵校尉。崇奉老庄之学，政治上谨慎避祸。与嵇康、刘伶等七人

---

[1] 参见（晋）王弼：《老子注》。

[2] 关于嵇康籍贯今名，一说在安徽淮北市濉溪县，一说在安徽省宿县，这里我们采用后一种。

[3] 竹林七贤为魏晋时期一群知识分子，是当时玄学的代表人物，即嵇康、阮籍、刘伶、阮咸、山涛、王戎、向秀。七人常聚在当时的山阳县（今河南辉县、修武一带）竹林之下，肆意酣畅，世谓竹林七贤。他们在生活上不拘名教礼法，崇尚清静无为，常聚会饮酒，放歌，揭露和讽刺司马朝廷的虚伪。山涛、王戎二人后投靠司马氏政权任高官，丧失名节，为后世所不齿。

[4] 《晋书·嵇康传》。

为友，常集于竹林之下肆意酣畅，为竹林七贤之一。

1. "清峻不浊"、"命气为文"的人性论

《文心雕龙》将嵇康与阮籍的人格生命主体观概括为"清峻不浊"、"命气为文"[1]，嵇康认为"凡人之生也，天出其精，地出其形，合此以为人。"[2]他认为人的灵魂可以脱离肉体独立存在，因此人要"守气合神，精不去其形，念此三者以为一"。[3]人的各种欲望如"木之有蝎而非木之宜也"，人的观念分为"性动"与"智用"两种，"性动者，遇物而当，足则无余，智用者，从感而求，倦而不已"[4]。因此应该采取"智用则收之以恬，性动者则纠之以和"。作为君子应该"气静神虚"，"心不存于矜尚"，"体亮心达"，"情不系于所欲"。嵇康主张作为君子应该效法自然，不要为嗜欲所困，超脱出"性动"与"智用"为人设置的种种障碍，从人的自然本性而不是从人的高低贵贱和社会予人的不合理限制中体验人生的价值与意义，表现了一种接近理想主义的现实批判思想。[5]阮籍与嵇康在对现实批判的取向上基本一致，但是更关注个体人生的价值与个人安身立命的意义，是历史上第一个从个体心理平衡出发，将道家人生论引入人格心灵构建的知识分子。[6]阮籍认为："至德之要，无外而已。大均淳固，不贰其纪。清静寂寞，空豁以俟。善恶莫之分，是非无所争。"阮籍所认为的理想人格应该是顺乎自然之性，守住这个自然之"本"，他认为"人生天地之中，体自然之性。身者，阴阳之积气也。性者，五行之正性也。情者，

---

[1] 陈明：《儒者之维》，北京大学出版社2004年版，第282、286页。
[2] 《管子·内业》。
[3] 《太平经·圣君密旨》。
[4] 《嵇康集·答难养生论》。
[5] 陈明：《儒者之维》，北京大学出版社2004年版，第282页。
[6] 陈明：《儒者之维》，北京大学出版社2004年版，第286页。

游魂之变欲也。神者,天地之所以驭者也。"[1]强调表现为理性的"神"对于个体欲望"情"、"欲"的克制和制约。

2. "越名教而任自然"之法律观

无论是嵇康还是阮籍,他们都是从现实政治秩序的黑暗和不道出发,提出了他们的政治法律主张。嵇康政治上属于曹魏宗室集团,与司马氏分属两个阵营,但一生洁身自好,采取与统治阶级不合作态度,敢于阐发激烈言论,引起统治者不满,最后被统治者以莫须有的"言论放荡,非毁典谟"罪名诛杀,他从容抚琴,慷慨就义。阮籍长期身处官场,在统治阶层争权夺利的风口浪尖,在腐败的官场屡屡受挫,对于现实政治彻底失望。他们几乎都站在道教"无为"与"自然"的立场上,对统治者宣扬的已经失道的"礼仪"、"教化"以及密切相关的法律制度从失望到否定,提出"越名教任自然",弃"名教"而崇自然之本。对于司法氏集团采取的那一套窃曹魏之国,滥杀正直文人名士,推行的霸道专制提出了批判。嵇康在否定了司马氏的违犯大伦、残暴天下虚伪名教说教后,"以无罪自尊,以不仕为逸"[2]。阮籍将司马氏集团斥责为吸血成性的虱子,"世人所为君子,唯法是修,唯礼是克。手执圭璧,足履绳墨",虽然有"上欲图三公,下不失九州牧"野心,但是一旦衣物着火,就会如"炎丘火流,焦邑灭都,群虱处于裤中而不能初也"[3]。所以应该与这种虚伪的名教之治决裂,崇尚自然之治,恢复名教与社会如远古自然的本来面目。

3. 无为而治,天下为公

嵇康、阮籍在批判现实政治的黑暗的同时,提出了理想的

---

[1] 《阮籍集·达庄论》。
[2] 《答向子期难养生论》。
[3] 《晋书·阮籍传》。

政治治理模式,即"无为而治,天下为公"。嵇康在他的论著中提出:"圣人不得已而临天下,以万物为心,在宥群生,由身以道,与天下同以自得,穆然以无事为业,坦尔以天下为公,虽居君位,享万国,恬若素士接宾客也;虽建龙旂,服华衮,忽若布衣之在身,故君臣相忘于上,烝民家足于下,岂劝百姓之尊己,割天下以自私,以富贵为崇高,心欲之而不已哉。"[1]阮籍向往原始时代的无君无臣而天下大治的理想状态,否定君主专制的合法性,"君立而虐兴,臣设而贼生。"统治者如果专权奉私,就必然要"竭天地万物之至,以奉声色无穷之故,此非所以养百姓也。于是惧民治知其然,故重赏以喜之,严刑以威之,财匮而赏不供,刑尽而罚不行,乃始有亡国戮君之祸。"[2]他主张应该抛弃君臣、礼法这些世乱政坏的产物,回到远古"自然无为"状态,实际上这是对统治者应该推行仁政,以天下公心治理天下的反面规劝。

四、郭象"自然独化"政治法律观

郭象(约公元 252~公元 312 年),字子玄,河南洛阳人,西晋时玄学家。好老庄,善清谈,著有《庄子注》。

1. "自然独化"的本体论

王弼提出"有生于无",嵇康、阮籍等人从"有"与"无"对立统一于"自然",论证宇宙万物根源于自然之本或者元气的本体,阮籍在《达庄论》中提出:"自然一体,则万物经其常。""一气盛衰,变化而不伤。是以重阴雷电,非异出也;天地日月,非殊物也。故曰自其异者视之,则肝胆越楚也;自其同者视之,则万物一体也。"而郭象否定万物一体之上的"道"

---

[1]《答向子期难养生论》。
[2]《大人先生传》。

本体的追问，认为有与无、物与我等都是自然存在，自身如此的，是独运独化的，世间万物都是独自产生、存在和变化的，与任何外物都没有联系，万物遵循自身的规定性，在这种独化的规定性中自然保持某种和谐。[1]他说"无则无也，则不能生有；有之未生，又不能为和。然则生生者谁哉？块然自生耳。自生耳，非我生也。我既不能自生物，物亦不能生我，则我自然矣。"[2]"物有自然而理有至极，循而直往，则冥然自合。"[3]郭象的独化论实际上是对以前玄学本体论的一种倒退，有点类似于"存在即合理"的意味，但是他的独化论实际上为了弥合玄学激进理论与统治者思想之间的矛盾而作的理论假设，通过否定士人人格与社会现实之间的张力，试图达到庄子的与万物齐同，却又不立足个体人格的存在，体现了其自身理论的内在矛盾。

2. "任性当分"的政治法律观

所谓"任性当分"，是指人要满足于自然天性，守住本分，不要在意那些外在社会关系中的种种等级和差别，承认现存的各种名教和法律秩序，这一切都是由于独化具有本身的合理性。"若皆私之，则志过其分，上下相冒，而莫为臣妾矣。臣妾之才而不在臣妾之位则失矣。故知君臣、上下、手足、内外乃天理自然，岂直人之所为哉？"[4]郭象通过这种理论阐释，指出了所谓的名教并不是与自然相违背的，不应该简单否定现存的名教之治和法律秩序，"夫仁义，自是人之性情，但当任之耳。……恐仁义非人情而忧之者，真可谓多忧也。"(《庄子·骈

---

[1] 陈明：《儒者之维》，北京大学出版社2004年版，第290页。
[2] 《齐物论注》。
[3] 《齐物论注》。
[4] 《齐物论注》。

拇注》)"一切"性"、"分"都有其存在的合理性,它们共同构成了我们生活的社会整体,每个人没有权利否定它们,而应该顺应它们。这体现了郭象站在维护现有统治秩序,调和社会矛盾,泯灭不合理的名教苛政与人民群众的民心所向的裂缝,成为封建正统思想的维护者。

3. "任物自为"的有限制的君权论

上文所说的"任性当分"并不是仅仅适用于普通人,郭象认为高高在上的君主也应该"任性当分"。他认为如今社会上下失序,朝政混乱,根本的原因是没有圣明的人,"天下若无明王,则莫能自得。今之自得,乃实明王之功也。反之性而凌之必乱,因其性而任之则治。""所贵圣王者,非贵其能治也,贵其无为而任物之自为也。"[1]"圣人""虽终日见形,而神气无变;俯仰万机,而淡然自若","虽在庙堂之上,然其心无异于山林之中"。

作为最高的统治者不要违背事物之本性,不要矜己以率人,不能一意孤行,将自己的意志凌驾于社会之上,而应该顺乎其本来的和谐自然之规律。"夫圣人之心,极两仪之至会,穷万物之妙数,故能体化合变,无往不可;磅礴万物,无物不然。世以乱故求我,我无心也。我苟无心,亦何为不应世哉!然则体玄而极妙者,其所以会通万物之性而陶铸天下之化,以成尧舜之名者,常以不为为之耳。"[2]君王的权力不是随心所欲行使的,必须遵循"以不为为之"的规则。君主不应该"役志以经世",而应该"虚心以应物",不要肆意妄为。君主行使的权力应该在职责上与百官有分工,不要任意剥夺臣下的决断权。"夫王不材于百官,故百官御其事,而明者为之视,聪者为之听,

---

[1] 《在宥注》。
[2] 《逍遥游注》。

知者为之谋，勇者为多捍。夫何为哉？玄默而已，而群材不失其当，则不材乃材之所至赖也。"[1]君臣上下"各当其能，则天理自然，非有为也"；"各司其任，则上下咸得，而无为之理至矣"。

第三节　佛教及其对魏晋南北朝政治法律思想影响

佛教在西汉时期[2]传入中国以来，绵延延续2000余年，在漫长的历史中，它就像一朵外来的奇葩在中国文化的土壤中生根开花，已经与整体中华文化融为一体。就思想史而言，魏晋南北朝时期，佛教从总体上对中华文明的影响，不仅仅在于它的在本土文化思想史上的总结、提升和承前启后的重要过渡作用，而且在于作为这个时期，它在伴随社会大动荡、政治大变动与漫长历史变革时期，对于包括周边外来文化，特别是来自印度的佛教文明的包容性的引进、吸收和创发。自东汉末黄巾起义以来，到隋唐大一统，中间的历史约为400年，如此广延的历史时空，都与佛教、佛学有着不可分割的历史联系，佛教史成为我们了解这个大时空下的思想文化的一面镜子，足以引起我们的重视。因此研究中国秦汉以后思想，不得不关注佛教及其对中华本土文化，包括对依托其上的政治法律文化的影响，以更好地认识和反省我们现实的社会中留存的传统的不同面相，提供我们行动的参照和借鉴。

---

[1]《人世间注》。

[2] 关于佛教最早传入中国年代，根据汤用彤先生观点为自汉司马迁通西域以后，佛教传入中原，汉末魏初，洛阳即有礼佛寺庙，参见汤用彤：《儒学·佛学·玄学》，江苏文艺出版社2009年版，第45页。

一、魏晋南北朝佛教概述

魏晋时期是佛教进入中国的关键时期。两汉时期，虽然佛教思想已经逐渐传播到中原，但是真正到了魏晋时期，才真正作为一种教派在中国大地发展起来[1]。而处于中西方陆地丝绸之路上的西域，成为佛教传入中国的重要中转站。在今天和田地区，来自印度的佛教一度兴盛，史载于阗（在今天和田境内）"俗重佛法，寺塔僧尼甚众，王尤信向。"[2]曹魏的文帝、明帝时期，中原与西域交往逐渐密切，一些来自西域的小国纷纷遣使来洛阳，魏明帝太和三年，大月氏建立的贵霜王朝遣使朝贡，被封为亲魏大月氏王[3]，中原与西域的交往的加深，推动了西域以及印度本土佛教在中国的传播。这一时期佛教发展主要表现为一下几个方面：

1. 大批西域僧侣来到中土传教

随着中外交往的发展，通过陆路和海道丝绸之路，很多来自西域甚至印度本土的佛教僧侣频繁来华。曹魏时期的昙柯伽罗、昙谛、康僧铠等一批中亚印度等地僧侣纷纷来到洛阳，支谦、康僧会等则到达东吴建业；西晋时期大月氏的竺法护、竺叔兰等来到中国；南北朝时期的佛图澄、鸠摩罗什、帛尸梨蜜多罗等均为从西方来中原传教的杰出代表。[4]在魏晋时期，对于佛教的东传有重要影响的有两个人，一为佛图澄，一为鸠摩罗什。前者曾经为著名佛学者道安的老师，后者曾经在龟兹

---

[1] 万绳楠：《魏晋南北朝文化史》，东方出版中心2007年版，第350页。

[2] 参见《北史·西域传·于阗传》。

[3] 参见[日]镰田茂雄：《简明中国佛教史》，上海译文出版社1986年版，第29页。

[4] [日]镰田茂雄：《简明中国佛教史》，上海译文出版社1986年版，第27～76页。

（今新疆阿克苏境内）生活，其父鸠摩罗炎为天竺人，"东度葱岭，龟兹王闻其名，郊迎之，请为国师。"[1]龟兹王将其妹许配鸠摩罗炎，生子鸠摩罗什，后鸠摩罗什与母亲均出家入佛门。鸠摩罗什后随吕光来到中原，史载后秦灭亡后凉后，西迎鸠摩罗什到长安。[2]他们宣传佛经教义，广招教徒，推动了中国本土佛教知识精英的成长。

2. 大规模的佛经翻译活动兴起

汉末以来，随着佛教的逐步向中原传播，从西域来的僧人以及本土赴西域学佛法的高僧，已经开始了佛教"三藏"[3]宗教典籍文献的翻译介绍，促进了佛教宗教教义在中国的传播。鸠摩罗什在后秦政府的支持下，大规模将属于大乘佛教的梵文经典翻译成汉文，他"既览旧经多有纰缪，于是兴使沙门僧睿、僧肇等八百余人传受其旨，更出经、论，凡三百余卷。"[4]公元399年，中原僧人法显带领僧徒远赴天竺，将佛教戒律带到中原。西晋首都洛阳一度成为佛教中心，促进了西晋译经活动繁盛。[5]西域著名僧人竺法护于西晋泰始至永嘉年间，共计翻译佛教经典154部，皆成为佛经翻译史的鼎力之作，为佛教传播作出重大贡献。东晋时期昙无谶翻译出《涅槃经》，佛驮跋陀罗翻译《华严宗》，这些重要经典的翻译对后世佛教宗派的形成

---

[1]《晋书·艺术传》。

[2] 万绳楠：《魏晋南北朝文化史》，东方出版中心2007年版，第352页。

[3] "三藏"是佛教经典的总称，即律藏、经藏、论藏；律藏是有关佛教宗教教团之礼仪规则，经藏是有关佛教基本教义的经典汇集，论藏是对佛典经义阐释性、体系化的论说。

[4]《晋书·艺术传·鸠摩罗什传》。

[5][日]鎌田茂雄：《简明中国佛教史》，上海译文出版社1986年版，第35页。

产生重大影响。[1]南北朝时期,佛经翻译工作更加兴盛,很多从西域、天竺来的高僧定居中原,热衷于佛典翻译,梁朝著名僧人真谛三藏从海路达到建康,致力于翻译瑜伽行派、如来藏等不同教派论著,最后客死中国。连续不断的佛经翻译为佛教传播提供了有力的宗教理论支持。

3. 寺庙、造像兴起与宗教组织发展

相传东汉明帝时即有僧人以白马驮佛经在洛阳建寺庙。[2]东汉末,笮融第一个建造佛寺,塑造佛教造像,举行浴佛会。西晋时期,随着西域僧人的聚集,洛阳成为全国佛教传教中心,全国开始大规模建立寺庙,仅仅永嘉年间就有四十二所佛教寺院,全西晋朝共计建立寺庙180所,度僧众3700人。[3]南北朝时期,全国各地兴起佛教造像活动,梁武帝时期,首都建康建有"大寺七百余所,僧尼讲众常有万人。"[4]这一时期,全国开凿了很多石窟,佛教造像艺术兴起,较为著名的如北魏文成帝和平元年开凿的云冈石窟,北魏宣武帝景明元年(公元500年)开凿的洛阳龙门石窟,敦煌莫高窟、天水麦积山石窟在这一时期造像活动更加频繁。[5]与此相应,佛教宗教组织和宗教团体逐渐成熟,南北朝时期,一批佛教宗派逐渐成形,北魏文成帝时期,在各地设置僧祇户、佛图户,佛教僧侣地主在北方形成。随着律藏翻译,各寺院逐步完善宗教组织,促进了佛教

---

[1] [日]镰田茂雄:《简明中国佛教史》,上海译文出版社1986年版,第76页。

[2] [日]镰田茂雄:《简明中国佛教史》,上海译文出版社1986年版,第16页。

[3] [日]镰田茂雄:《简明中国佛教史》,上海译文出版社1986年版,第35页。

[4] [日]镰田茂雄:《简明中国佛教史》,上海译文出版社1986年版,第88页。

[5] 万绳楠:《魏晋南北朝文化史》,东方出版中心2007年版,第264页。

的发展。

4. 佛教思想的进一步中国化

宗教、哲学等作为文化的精神生活，是"一个民族生活的种种方面之一"[1]。佛教这种具有印度民族性的宗教自向中国传播以来，一直面临着如何与中国本土的文化土壤适应，与中国固有的文化系统协调的问题，这在佛教发展史上就是佛教中国化问题。魏晋南北朝时期，是佛教大规模传播时期，所谓"南朝四百八十寺，多少楼台风雨中"，可见南北朝佛教兴盛景象。佛教在这一阶段，已经产生了一些教派，其中中国化程度较深的有天台宗、华严宗和禅宗。这里我们以禅宗为例，略述其中国化发展轨迹。禅宗从某种程度上深受儒家特别是道教思想影响，魏晋南北朝时期从西域传来的以大乘佛教为主，大乘佛教主张超越小乘只是"小道"或"小业"局限，提出不住生死，不住涅槃，主张渡尽一切众生。但其基本精神为"梵我一如"，"我即梵"，"梵"即是真实，除此之外的一切都是虚幻的，因此佛教以回归梵天，超越人生的此岸为最高目标。这种宗教哲学观如何与中国特有的文化内核接榫，适合中国人特有的思维方式和生活方式呢？对此，禅宗作出了自己的创造性诠释，佛教主张"万法无常，诸行无我"，禅宗早期的理论家竺道生提出"无我非无生死中我，非不有佛性我"，"以体法为佛，不可离法有佛"，将"涅槃"理解为"在生死中即用其实"的主观精神境界，破除了人生无常、超越此岸的思想路向，这是佛教适应中国文化的结果。有如禅宗尊崇的"一切众生皆有佛性"，实际上是在改造孔孟"人性善"、"人人皆可为尧舜"这些思想精华，调和佛教与儒教思想的表现。禅宗还吸收了道家与玄学"无

---

[1] 梁漱溟：《东西文化及其哲学》，上海人民出版社2006年版，第18页。

为"思想精神,他们说:"菩提本非树,明镜亦非台;本来无一物,何处惹尘埃。"这里面蕴含着一种对人之自性与自我人格本体的肯定,自然之心成为禅宗理解的人之本体规定,这就将宗教对人生的外在价值规定予以清除,从而转向了中国哲学本体论路向上。[1]

二、佛教对政治法律思想的影响

佛教在魏晋南北朝时期,通过思想、组织、社会渗透等多方面,对中国旧有的儒家、道家思想的吸收、改造,成为这一时期的一种影响广泛的思想体系和客观存在。正是因为佛教在一定程度上融会了中国旧有的思想和观念体系,成为对当时以及以后的社会有深远影响的意识形态。就政治与法律思想来说,这一时期也明显受到了佛教思想的影响,为传统法律文化注入了一股清新的气息,对后世的影响不容低估。

(一)佛教对中国政治哲学与法哲学影响

1. 影响了传统世界观和人身观

佛教对政治与法哲学的影响从根本上是对于儒家知识分子的世界观与人生观的影响。从哲学世界观上,佛家之大小乘主张基本一致,即"梵我一如",世界被分裂为此岸与彼岸的,此岸就人生活的世界,彼岸是"梵天"的极乐世界。佛教从这一根本立场出发,在人身观上倡导"出世",小乘主张归于"趣寂",超脱人生之生死海;大乘佛教则进而提出"一切众生皆有佛性","无住生死,无住涅槃",不仅要渡己,还要普渡众生。这种哲学本体论实际上是与儒家、道家来源于《易经》之乾元思想,与中国特有的宇宙论和人生论根本上相异[2],儒家强调

---

[1] 参见陈明:《儒者之维》,北京大学出版社2004年版,第302页。
[2] 熊十力:《读经示要》,中国人民大学出版社2006年版,第168页。

天人合一，宇宙人生统一，统一于自然流行的"大道"，从而要求君子要体道之大，立志有为，日新其德，与天地同体，为生民立命，为万世开太平。但是我们说，儒教思想到了魏晋南北朝时期，由于受到玄学的影响，儒玄结合，这种特定时代的思想与外来的佛教思想再一次转化与融合，产生了一种新的哲学思维方式。这种哲学思维方式体现作为知识阶层的儒家知识分子身上，就是一种主体思维方式的矛盾纠结，即儒家与佛教思想的融合，一方面，他们通过封建国家选拔，"朝为读书郎，暮登天子堂，"成为以皇帝为代表的封建官僚制度的一部分；但另一方面主体人格被淹没在"官场宦海"不能超越，从官方宣扬的儒家正统学说中找不到人生的支点，而从佛教里面可以化解这种内心矛盾，所谓"自唐以来，禅学日盛，才能之士，往往出乎其间"，正是这种士大夫群体的真实写照。[1]

2. 丰富了中国传统哲学辩证法

先秦时期，中国朴素辩证法思想已经产生，《易经》集中体现了这种中国独有的辩证法特征，《易经》讲"一阴一阳之谓道"，易经六十四卦，每以两卦相对，是中国典型的辩证法。[2]春秋战国时期，道家、墨家、名家、阴阳家、法家等都发展出自己的朴素辩证法。魏晋南北朝时期，随着佛教的传播，其丰富的辩证法思想也介绍到中国。佛教讲因缘，因指引起结果的直接原因；缘指经外来环境影响结果的间接原因。如植物生长，其种子就是"因"，水分、阳光、土壤等，就是植物生长的"缘"。佛教中的华严宗讲六相，六相是总相、别相、同相、异相、成相、坏相。这六相既同时表现在一切事物中，也同时

---

[1] 参见陈明：《儒者之维》，北京大学出版社2004年版，第304页。
[2] 熊十力：《论六经·中国历史讲话》，中国人民大学出版社2006年版，第13页。

表现在一个事物中,无论在一切事物中或在一个事物中,都是相反相成、相互关联、彼此无碍的。恩格斯在《自然辩证法》中肯定佛教处于"相对高级发展阶段上"。佛教辩证法思想极大丰富和开拓了传统中国辩证法的理论。

(二) 佛教对统治阶级法制观念之影响

1. 对儒家忠孝、丧葬等传统观念的冲击

正统儒家思想强调宗法本位,家国一体,忠孝治国,隆礼重法,重视厚葬之孝,这些基本的价值观念,在佛教思想兴起以后,受到一定的冲击。佛教宣扬四大皆空,超脱生死,否定现世人生的真实性,鼓励人们出家修行,求得"自证真如"、"涅槃"的个体的解脱,更重要的是佛家彻底否定现实社会秩序的真实性。这些对封建统治者来说,极大冲击了他们一向宣扬的以忠孝治国的政治伦理和普世价值。僧尼出家,违背了"不孝有三、无后为大"的孝道观念;剃度则违犯了"身体发肤,受之父母"的古训。长期在庐山修行的高僧慧远还就佛教与君主的关系,写出《沙门不敬王者论》,慧远自命为方外逸民,此种观点完全违背了"三纲"基本原则,虽然围绕沙门是否礼敬王者,在实践中并没有真正实行,但从观念上对传统的忠君观念提出了思想上的质疑与挑战。此外,关于丧葬,一直以来封建主流意识主张从孝道出发厚葬,社会上竞相攀比提高丧葬的奢华,北齐时期出现"生为皂隶,葬拟王侯"[1]的厚葬风俗,在佛教主张薄葬的观念影响下,南朝齐武帝下诏禁止厚葬,纠正厚葬奢侈成风的陋习,[2]导致社会丧葬风气为之一变。

2. 利用宗教信仰来巩固统治秩序

魏晋以来,社会动荡和民族迁徙,玄学的兴起,加上纷纷

---

[1] 参见(唐)李延寿:《北史》,中华书局1974年版,第610、1466页。
[2] 参见(梁)萧子良:《南齐书》,中华书局1972年版,第57、729页。

继起的诸多政权本身均靠武力或者阴谋篡夺获得政权,他们本身就是名教的罪魁,儒家正统的名教秩序受到来自统治者阶层和民众的普遍质疑,如何在新的历史条件下更好的维护社会秩序,巩固封建统治秩序,是摆在面前的关键问题。正如伯尔曼指出的:"在所有社会,即便是最原始的社会,也会有实现社会秩序的结构和程序,有分配权利和义务的既定方式和关于正义的共同观念。任何一种法律制度都与宗教共享某种要素——仪式,传统,权威和普遍性——人们的法律情感赖此得以培养和外化。否则,法律将退化成为僵死的法条。"佛教宣扬善恶因果报应,教化人们行"五戒"、"十善道"〔1〕,从而从心灵上教化人民服从现有社会秩序,对现有不平等社会逆来顺受,在日常生活中乐善好施,以求来世得到善果。刘宋王朝的何尚之向宋文帝推荐慧远的以佛教佐天子的理论:"释氏之化,无所不可。适道固自教源,济俗亦为要务。世主若能剪其讹伪。奖其验实,与皇之政,并行四海,幽、显协力,共敦黎庶,何成、康、文、景独可奇哉?使周、汉之初,复兼此化,颂作刑清,倍当速耳。"〔2〕因此佛教被统治者认为是"神道助教,有自来矣","所以重资生,助王化于治道"。〔3〕后世,虽然由于种种历史原因,出现了短暂的诸如北魏武帝、北周武帝的灭佛运动,但是在漫长的历史时期内,佛教因在社会信徒众多,影响巨大,统治者基本上是采取默许或者积极支持的态度。南朝梁武帝笃信佛教,天监三年(504年)四月八日,武帝亲率群臣子士庶两

---

〔1〕 五戒:不杀、不盗、不淫、不欺、不饮酒;十善道:防心、摄身、正口、心去贪、忿、痴,身除杀、淫、盗、口断妄杂诸非正言。

〔2〕 万绳楠:《魏晋南北朝文化史》,东方出版中心2007年版,第359页。

〔3〕 万绳楠:《魏晋南北朝文化史》,东方出版中心2007年版,第360页。

万人，公开宣布放弃道教而皈依佛教，[1]他还精研佛理，著书立说，在大通元年（529年）九月，在同泰寺开设规模有5万人参加的四部无遮大斋会，命群臣将自己以一亿万钱赎回方式为寺庙提供资助。[2]这些事实表明，以皇帝为首的封建统治者，之所以对佛教信仰如此推崇，其根本上在于佛教的社会调控功能——从间接上为统治者起到政权稳定器的作用。

3. 更加重视刑罚的宽缓和人道化

随着佛教的传播，佛教政治和社会影响逐步加深，统治者吸收了佛教某些合理因素。首先，在刑事立法上注重刑罚的轻缓化，缓和阶级矛盾。北魏时期规定："妇人当刑而孕，产后百日乃决。"[3]而这一规定是在大臣崔光倡导下推行的，崔光本身就是一个笃信佛教的信徒，史载其"崇信佛法，礼拜读诵，老而逾甚"，[4]他从佛教关于禁止杀生的观念出发提出对刑罚的改进，充分体现佛教思想对刑罚人道化的影响。其次，刑罚对社会存在的故意杀害婴儿、遗弃婴儿的行为给予严禁止，体现了法律对生命的重视和保护，是刑罚进步的表现。如《南史》记载：某人因为幼儿得了癫痫，竟然"因其病发，掘地生埋之"，后被告发，处以"弃市"极刑。[5]最后，统治者还尊重佛教关于重大节日风俗，规定在某些时段不得行刑。佛教里有一些重要节日和时段，比如断屠月（佛教规定每年正月、五月、九月三个月每月初一到十五要严守五戒）、十斋日（除了断屠月外的每月有特定的十天，不得杀生），这些节日不杀生的宗教禁

---

[1] 见镰田茂雄：《简明中国佛教史》，上海译文出版社1986年版，第87页。
[2] 见镰田茂雄：《简明中国佛教史》，上海译文出版社1986年版，第90页。
[3] 《历代刑法志·南北朝刑法志·后魏》，群众出版社1992年版，第50页。
[4] 《魏书·崔光传》。
[5] 《南史·徐羡之传》。

忌，影响了后来的刑罚执行，唐代就规定"其所犯虽不待时，若于断屠月及禁杀日而决者，各杖六十。待时而违者，加二等。"[1]一些王朝还重视利用佛教宗教节日，宣布大赦。

三、佛教对社会法律观念之影响

1. 对民众忠孝、等级观念影响

佛教提倡出家、剃度，人皆有佛性，众生平等，这种观念影响到社会民众，导致人们对统治阶级推崇的忠孝观念和等级尊卑观念产生了质疑。从魏晋南朝时期的佛教广泛传播，佛教信徒众多的社会现象就可以看出，传统的儒教纲常观念在这种外来的宗教的冲击下，其在民众心中的神圣地位已经动摇。马克思说："宗教的苦难既是现实苦难的表现，又是对这种苦难的抗议。宗教是被压迫生灵的叹息，是无情世界的感情，正像它是没有精神的状态的精神一样。"[2]宗教本身具有两面性，除了其被统治者利用作为社会的鸦片麻痹人们反抗意志外，它本身同时也是反抗社会强势统治意识形态的观念，佛教宣扬的上述价值观念正好符合了当时处于社会长期动荡、兵燹连年的灾难深重的下层民众力图摆脱现实苦难和专制压迫的心灵需要。其结果必然是封建统治者宣扬的名教观念被社会在质疑声中通过一种宗教信仰的方式曲折反映出来。实际上，在秦汉以来的所谓正统儒家，所宣扬的很多价值理念已经根本偏离了周公孔孟所倡导的王治仁政的政治思想，汉代提倡的董仲舒公羊学说只不过借用了儒家的名行封建官僚专制集权之实，正统统治思想长期误导了人民群众的朴素心理取向，当遇到特定历史条件的这种际遇，遇到了很久没有的来自西方当时在一定程度上契

---

[1]《唐律疏议·断狱》，"立春后秋分前不决死刑"条。
[2]《马克思恩格斯全集》第1卷，人民出版社1956年版，第453页。

合孔孟王道的宗教,人民群众的观念觉醒和转变也是理所当然。这种观念的觉醒,甚至还被用来进行反抗封建统治的人民起义的指导思想,北魏时期法庆起义,宣扬弥勒转世,号召人民推翻现有封建统治就是明证。[1]

2. 对民众善恶之普世道德观念的影响

佛教关于因果报应、轮回转世、去恶扬善等宗教观念对普通民众的朴素道德价值观念产生了深刻影响。在以往,确实有鬼神观念和祖先神崇拜信仰,但是这些基本被儒家"敬鬼神而远之"原则局限在一个相对狭窄的范围。佛教传入中国,这些具有宗教系统性同时带有朴素性的观念,对下层民众的人身观和道德观产生了广泛影响。这主要是因为儒家思想基本上为知识阶级所垄断,"礼不下俗人",基层民众知识素养无法达到真正接受儒家艰深思想体系的水平,而相对简明直接的佛家因果报应、业力轮回这些与人生日用紧密结合的观念,容易被群众接受。这种影响的结果是,在社会生活的很多领域,人们都普遍相信善恶因果报应,并通过积极向善提升自我价值,这在一定程度上成为基层社会维持社会和谐的一种重要群众信念,有利于专制权力难以企及的基层乡里社会的社会自治。

3. 对于社会风俗、习惯产生影响

佛教对民众社会风俗习惯的影响非常深远,甚至超过了其他宗教。以婚姻观念和习俗为例,在魏晋以前婚姻观念,两汉时期对妇女限制较严,结婚必须承父母之命,媒妁之言,这种观念在建安时期《孔雀东南飞》中已经充分体现[2]。魏晋南北朝时期,由于佛教传播,佛教关于婚姻观为社会接受,如"前世姻缘,今世婚姻","一日夫妻,百世姻缘","有缘即合,

---

[1] 《魏书·景穆十二王传上》。
[2] 万绳楠:《魏晋南北朝文化史》,东方出版中心2007年版,第140页。

无缘即离"。这些观念直接打破了传统的婚姻观念的禁锢,在南北朝时期体现出婚姻自由的社会倾向,妇女地位提高。妇女在一定程度上有选择对方的权利,晋朝名将王濬曾任职河东郡,"刺史燕国徐邈有才女淑,择夫未嫁。邈乃大会佐吏,令女于内观之。女指濬告母,邈遂妻之。"[1]妇女在一定范围内业允许改嫁,打破了过去妇女一旦出嫁,就应"从一而终"的旧有观念。这些明显受到佛教观念的影响。

第四节 律学及其主要政治法律思想

一、魏晋南北朝律学概况

魏晋南北朝律学是在汉代律学的基础上发展起来的。律学是汉代兴起的法律解释学,即律学家利用经学章句注疏方法,对律令、制度进行注释的一种学术活动。[2]实际上律学是从经学的大背景下衍生出来的,律学家借用经学的章句之学,对律令注释,这种注释就是律章句。所谓章句,就是"分析章节句读,逐字逐句逐章解说经义"[3],清人焦循认为章句,包括"叠训诂于语句之中,汇本义于错综之内",就是训诂和义理并重。[4]汉代律学较为发达,注律家群星璀璨,人才辈出,有名的如郑玄、马融皆经学大师,他们不仅在儒家经学造诣深厚,

---

[1]《晋书·王濬传》。

[2] 参见龙大轩:"汉代律章句学考论",西南政法大学2006年博士学位论文,第1页。

[3] 赵吉惠、郭厚安主编:《中国儒学辞典》,辽宁人民出版社1988年版,第808~809页,转引自龙大轩:"汉代律章句学考论",西南政法大学2006年博士学位论文,第1页。

[4]《孟子正义》卷一。

还将研究领域扩大到注释律学，形成自成一家的律学，还有一些专门治律学如郭躬、陈宠等。根据史籍可考的著名律学家，仅仅两汉就达 75 人之多[1]。

中国法学研究传统中，很大一部分是律学传统，它不但表现在法的理论、学术观点等理念层次上，并且影响到政治法律制度与中华法系的形式面相。魏晋律学承两汉律学的余烈，有开拓启弊之功，一大批律学家将儒家礼与当朝律令结合，使得法律儒家化推进到一个新阶段，正如陈寅恪先生在《隋唐制度渊源略论稿》一书中指出，"古代礼律关系密切，而司马氏以东汉末年之儒学大族，创建晋室，统制中国，其所制定之刑律尤为儒家化……实为华夏刑律不祧之正统。"这一时期，政府十分重视律学研究，曹魏明帝设置律博士，将律学列于学官，大力倡导律学教育，推动了律学的繁荣。有晋一朝出现了一批律学家，据程树德先生考证，有律学达十七家之多[2]。律学的进步推动了律令修撰水平的提高。晋文帝令贾充、羊祜、杜预、裴楷等十四人议定律令，于武帝泰始四年，颁行天下。著名律学家杜预、张斐为晋律作注，晋律又称"张杜律"。晋律在魏晋南北朝立法史上具有举足轻重作用，前后沿用达 237 年，为六朝律中通行时间按最久，修撰水平最高的律典，甚至被认为"较之唐律，殆无逊色"[3]此后，魏晋律章句受到汉末开始的今古文经学扬弃影响，政府对章句学限制，"但用郑氏章句，不得杂用余家"，更重要的是魏晋以来玄学兴起，士大夫尚清谈与贱法吏。这些导致了魏晋以后律学渐趋衰落。

---

[1] 程树德：《九朝律考》，中华书局 2003 年版，第 175~185 页。
[2] 程树德：《九朝律考·晋律考》，商务印书馆 2010 年版，第 273 页。
[3] 程树德：《九朝律考·晋律考》，商务印书馆 2010 年版，第 225 页。

二、魏晋南北朝律学家法律思想

魏晋时期是魏晋南北朝整个历史时期的鼎盛时期,因此,我们在阐述时候重点以这一时期典型人物的法律思想为主。魏晋律学繁荣,律家众多,他们的思想虽有细微差别,当时基本取向和基本观点相似,我们主要选取了杜预、张斐、刘颂三位律学家为代表,以了解律家法律思想基本内容。

杜预(公元222~公元285年),字元凯,京兆杜陵(今陕西西安东南)人,西晋时期著名的政治家、军事家和学者,灭吴统一战争的统帅之一。历官三国魏尚书郎、河南尹、度支尚书、镇南大将军、当阳县侯,官至司隶校尉。耽思经籍,博学多通,多有建树,被誉为"杜武库"。著有《春秋左氏经传集解》及《春秋释例》等。

张斐又叫张裴,魏末晋初人,曾任明法掾。曾为《晋律》作注。著有《律解》、《杂律解》以及《汉晋律序注》等。原书均失传,仅存其注《泰始律》后向皇帝说明要点所上的表,史称《注律表》,载于《晋书·刑法志》。

刘颂字子雅,广陵人,世为名族,西晋初期历任尚书三公郎、中书侍郎、三公尚书等官,秉公执法,时人把他比作西汉张释之。

(一) 纳礼入律,礼主法辅

张斐在《注律表》指出,一部法典应当是"王政布于上,诸侯奉于下,礼乐抚于中",三者"相须而成,若一体焉"。[1]他认为法律应当体现出"礼"的精神,由国君统一制定、颁布,臣民无条件地遵守奉行。"礼"是封建伦理纲常,法律是保障"礼乐"

---

[1]《晋书·刑法志》。

的工具。所以"礼乐崇于上，故降其刑；刑罚闲于下，故全其法。是故尊卑叙，仁义明，九族亲，王道平"。杜预认为法律就是要体现确定"名分"原则，"今所注，皆网罗法意，格之以名分。"熊远认为："礼以崇善，法以闲非，故礼有常典，法有常防，人知恶而无邪心。是以周建象魏之制，汉创画一之法，故能阐弘大道，以至刑厝。律令之作，由来尚矣"[1]。礼义是治理国家的根本原则，应该用礼义的基本原则统率法律的精神，在制定法律的时候应该充分考虑到礼仪的基本价值，以礼率律，礼法结合。在司法活动中，也应该考虑到将礼与法结合起来，做到"理直刑正"，公正处理案件。所谓"理直"，就是在适用法律时要明确儒家礼乐纲常名教的原则精神；所谓"刑正"就是适用法律尽量准确，宽严适中，有罪必罚，罚当其罪；尽量做到将二者紧密结合。在律学家的影响下，晋律充分体现了法律的儒家化，将儒家的基本原则、基本精神和基本制度纳入法律调整的范围，使得礼与法、道与政、德与刑这些具有一定差别的不同范畴统一到儒家化法典中，为统治者施政提供依据，充分体现了律学家为法律儒家化的积极贡献，标志着封建国家法律思想逐步走向成熟。

（二）文约禁简，法令宽平

杜预认为立法应该尽量做到简明、易行，不要过于繁琐，过于烦苛，一定要让老百姓听得懂、容易领会。他说："法者，盖绳墨之断例，非穷理尽性之书也。故文约而例直，听省而禁简。例直易见，禁简难犯。易见则人知所避，难犯则几于刑措。"这集中体现了以杜预为代表的律学家的立法思想。他们深感秦汉以来，法律法令随着历史积淀不断增加，以至于法令繁杂，科条滥芜，即使是律学家都不能卒读，更何况于一般老百

---

[1]《晋书·刑法志》。

姓更无法明白法律规定的内容，此外法律并非是经学泛泛谈宇宙人生哲理之书，而是普天之下共同遵守的规范，一定要做到规范简要，条理清晰，一目了然，使天下百姓人人之所避就。刘颂提出法律要做到"纲举网疏，简而不漏"。他说："纲举则所罗者广，网疏则小必漏，所罗者广则为政不苛，此为政之要也。"[1]他认为法律要对哪些法律认为对于政权起重大危害的犯罪进行打击，以示惩戒，以儆效尤，而对于哪些较为细微的不需要使用严厉刑罚打击的犯罪，则应该省略，"夫大奸犯政而乱兆庶之罪者，类出富强，而豪强者其力足其惮，其货足欲，是以官长顺势而顿笔。"这种法律观与法家提倡的重刑轻罪导致的"法繁于秋荼，网密如凝脂"形成鲜明对照。正是在律学家的倡导下，晋律"蠲其苛秽，存其清约，事从中典，归于益时……减枭斩族株连坐之条，除谋反适养母出女嫁皆不复坐，父母弃市，省禁固相告之条，去捕亡、亡没为官奴婢之制；轻过误、老小、女人当罚金、杖罚者，皆令半之。"[2]

（三）"罪刑法定"，执法必严

魏晋南北朝时期，对于律学家来说，他们的法律治国思想一方面是受到了法家影响，同时也体现了对法家的法令严苛、深文专横的一种反思，律学家的以法治国的观念，还在一定程度上受到了儒家的重视社会教化与社会风尚，法律因世制宜，刑罚世轻世重等的观点影响。刘颂总结当朝法制的经验教训说："当此之秋，天地之位始定，四海洗心整纲之会也……然至所以为政，矫世众务，自宜渐出公涂，法正威断，日迁就肃……以陛下明圣，犹未及叔世之弊，以成初始之隆，传之后世，不无虑乎！"他们将法律的稳定性、确定性和儒家仁政、恤刑观念结

---

[1]《晋书·刘颂传》。
[2] 程树德：《九朝律考·晋律考》，商务印书馆2010年版，第231页。

合，提出了具有时代特色的"以法治国"观。他们强调法律的制定与执行，应该有一定的分工，刘颂认为："宜立格为限，使主者守文，死生以之，不敢错思于成制之外，以差轻重，则法恒全。事无正据，名例不及，大臣论当，以释不滞，则事无阂。"[1]如果有"非常之断，出法赏罚"等事关国家的大事，则由君主决定，不是臣下的议论范围。对于已经制定的法律，应该严格遵守，"夫人君所以与天下共者，法也。已令四海，不可以不信以为教。方求天下之不慢，不可绳以不信之法。且先识有言：人至愚而不可欺也。不谓平时背法意断，不胜百姓愿也？"刘颂极力主张法律要划一，不得随意违背法律规定，特别是执法的官员，应该严格执行法律。"律法断罪，皆当以法律令正文，若无正文，依附名例断之。其正文名例所不及，皆无论"。"法轨既定则行之。行之信如四时，执之坚如金石。"晋代熊远也认为："法之不一，是谓多门，开人事之路。广私请之端，非先王立法之本意也……若开塞随宜，权道制物，此是人君之所得行，非臣子所宜专用，主者唯当征文据法，以事为断耳。"[2]

（四）慎变审理，准确释法

张斐认为，法律"始于《刑名》者，所以定罪制也；终于《诸侯》者，所以毕其政也。"对法律的理解解释应该"慎其变，审其理"。这里的"理"有两个含义，一是封建纲常伦理，所谓"礼乐抚于中"，一是法律本身的逻辑、规律。而这两者又是统一的。魏晋律学家在法律本身的解释上进一步探索，有力推进了律学学术水平的提高，特别是张斐，对《泰始律》中的重要法律原则、法律概念、术语作了系统的解释。他认为正确理解法律的原则精神，就应该重视《刑名》作为刑法总则的重

---

[1]《晋书·刑法志》。
[2]《晋书·刑法志》。

要作用，总则起到"经略罪法之轻重，正加减之等差，明发众篇之多义，补其章条之不足，较举上下纲领。"可谓对刑法总则的精妙之论。在具体犯罪条文中，要注意一些关键概念，比如"知而犯之谓之故，意以为然谓之失，违忠欺上谓之谩，背信藏巧谓之诈"，它们都是所谓的"律义之较名"。此外他还对刑法之中一些相似的概念进行了系统的阐释，做到"慎其变"，"都城人众中走马杀人，当为贼，贼之似也；过失似贼，戏似斗，斗而杀伤傍人，又似误会，盗伤缚守似强盗，呵人取财似受赇，因辞所连似告劾，诸勿听理似故纵，持质似恐猲。"[1]以张斐为代表的律学家的解释，对于厘清过去对一些法律概念术语的含混误解，对于推动律学本身成为一门专门学问，对于法律的上下一体遵循和各级官吏严格执行起到重要作用，有利于封建法制的统一。魏晋律学家的法律解释水平达到了历史发展新高度。

（五）倡导肉刑，除恶塞源

魏晋南北朝时期，一批律学家和政治家，积极倡导恢复已经基本退出历史舞台的残酷的以残损肢体为特征的肉刑，虽然没有付诸实施，他们的一些观点虽然明显违反法律人道主义精神，但是其中涉及的一些法律问题至今仍然值得我们反思和借鉴。关于是否恢复肉刑，自汉末就有争论，"是时天下将乱，百姓有土崩之势，刑罚不足以惩恶，于是名儒大才故辽东太守崔寔、大司农郑玄、大鸿胪陈纪之徒，咸以为宜复行肉刑。"到曹魏时期，尚书令荀彧又提出建议恢复肉刑。晋朝时任廷尉的刘颂多次上书，"频表宜复肉刑"，均未能得到批准。刘颂认为，恢复肉刑，有三大理由：一是法律虽然已经较为完善，但是却没有达到禁邪防奸的目的，原因就在死刑太重，生刑过轻，他说"今死刑重，故非命者

---

[1]《晋书·刑法志》。

众；生刑轻，故罪不禁奸。所以然者，肉刑不用之所致也。"二是目前的刑罚没法消除犯罪，反而更多滋生了犯罪。"古者用刑以止刑今反于此。诸重犯逃亡者，发过三寸辄重髡之，此以刑生刑；加之一岁，此以徒生徒也。亡者积多，系囚猥畜。"三是适用肉刑，可以从根本上消除重新犯罪的可能，比如"亡者刖足，无所用复亡。盗者截手，无所用复盗。淫者割其势，理亦如之。"此外，比如东晋葛洪、南朝宋孔琳之等皆主张恢复肉刑。

从刘颂的观点，我们可以看出之所以一大批士大夫不断提出恢复肉刑，除了违背历史潮流，实际上也看出封建刑罚的本身的矛盾。一方面，他们积极倡导法律的统一，上下一体遵循，严格执行法律的尺度，但是现实的问题是法律没有达到以刑罚制止刑罚，反而是刑生刑，离他们所期待的教化风俗，淳正民众秉性的距离甚远；另一方面刑罚本身的等级不合理，死刑过于重，生刑又不足以预防和控制犯罪。所以他们从朴素的历史的观点，认为只要片面恢复肉刑，就会从根本上达到止刑开塞的目的，实际上这是一种法家的刑罚恐吓与刑罚专制的一种历史重温。截止到目前的人类社会，只要是推行法治的国家，仍没有解决刑罚本身的这种内在的"二律背反"客观矛盾，特别是在我国，目前死刑与徒刑之间相差太远，往往导致了法律本身以及社会影响的双重不公正，如何解决人们在刑罚面前的矛盾和困惑，仍然今后法治建设必须解决的问题。

第三章　隋唐时期法律思想

第一节　隋唐时期法律思想时代背景

隋唐时期是中国历史的辉煌时期，开创了少有的盛世繁荣景象，这段 300 余年大一统的相对稳定的发展历史，无论是政治制度、经济发展水平、文化成就以及对外关系，都开中国历史未有之新气象。隋唐在长达 300 多年之久的长期战乱的社会衰败之中，以前所未有的气势改变了长期弥漫在整个社会中的一种末世厌世的社会心态和处于战乱流离威胁之中的各基层民众的生命无常的哀怨。对于整个隋唐社会来说，南北朝时期因纷飞战火带来的人口大迁徙已经基本结束，南渡的北方人民以及北方长期杂居的中原各民族随着战争的远去，在新的历史时空中，一种相对稳定的社会与文化秩序结构悄然成形，一种来自社会各层面的力量，将整个华夏文明发展推向一个更高的水平和境界。南北朝时期的佛教已经走过了其狂热的盲从，战乱的苦难带来的宗教情结已经随着世俗生活的稳定的到来逐步消散，民众的世界观在重新回到儒家精神的怀抱时，这种救世的宗教意识就已经去魅[1]。隋唐法律思想的发展与其特定的时代背景相互交织,法律思想产生于时代并反映时代的需要和倾向。

一、封建政治体制趋于完善

隋唐时期在中国历史上的最大特征是从政治体制上实现了封建制度本身的完善和定型。从隋唐的政治形态可以窥见中国以后一千余年整个封建王朝政治的轮廓,从中央三省六部到地方郡县,从科举取士到整个社会管理体制的建立,我们都可以从后来的若干政治制度的演变中发现隋唐政治制度的缩影和影响。

1. 中央三省六部制的建立

隋唐时期的中央政治体制的主要特征是三省六部制的正式建立和逐步完善。中央尚书、中书、门下三个主要中央行政机构,是继秦汉以来中央政权机构改革的最终定型。三省长官共同行使宰相权,成为中央政令除皇帝以来的实际中枢。自秦汉开始推行的三公九卿治理朝政的政治体制经过魏晋南北朝漫长的演变,逐渐变成了以三省六部与九寺五监等共同行使中国国家机关管理权力。隋代实行寺、监平列的制度,唐代对之又作了一定的调整。"溯其渊源,寺、监都是秦汉以来诸卿机构和职责分化组合的结果。在这一过程中,包含在秦汉诸卿中的军事

---

[1] "去魅",是德国社会学家马克斯·韦伯提出,1919年发表了题为《以学术为业》的讲演,第一次使用了"去魅"(deenchanted)概念。他当时的原话是:"只要人们想知道,他任何时候都能够知道;从原则上说,再也没有什么神秘莫测、无法计算的力量在起作用,人们可以通过计算掌握一切,而这就意味着为世界除魅。人们不必再像相信这种神秘力量存在的野蛮人一样,为了控制或祈求神灵而求助于魔法。技术和计算在发挥着这样的功效,而这比任何其他事情更明确地意味着理智化。"(见[德]马克斯·韦伯:《学术与政治》,冯克利译,生活·读书·新知三联书店1998年版,第29页。)这里借用这个词来表达随着和平时代来临,佛教等宗教信仰在社会生活中的式微现象。

职能随着历朝军事系统的变化而趋于萎缩甚至于消亡；其机要部门则渐从中游离出来，以后成为尚书省、门下省、御史台等机关。"[1]而剩下的一般行政事务则归诸寺卿官署所掌，隋唐时期，这部分官员及其机构被整合为九寺五监，唐朝设立太常、光禄、卫尉、宗正、太仆、大理、鸿胪、司农、太府九寺和国子、少府、将作、都水、军器五监，形成了一套分管朝廷各类庶务的行政管理体系。三省六部制度的建立，大大加强了君主专制集权制度的行政效能，是统一封建国家政治体制走向完善和成熟的标志。自从秦汉以来，君主权力与地方郡县政权的总枢纽借助三省六部制度建立起来，为封建统治阶级建立稳固的统治奠定了基础，一套以君主权力为核心的规模庞大的文官体系成为了封建帝国维护长久统治的制度保障。

2. 科举考试的逐步完善

隋唐时期，处理建立一整套中央文官制度以外，在政治制度方面，最有代表性的就是科举制度的创立和完善。隋朝结束了魏晋南北朝长达三百多年的战乱局面后，开启了一个新的时代。这个时代的最明显的特征之一就是选拔人才方式的革新，九品中正制正式宣告终结，一个以设科取士的新的人才选拔机制成为其后整个封建王朝相沿不改的历史传统，靡有更替。"九品及中正，开皇中方罢。"[2]隋文帝时期已经设立有贤良、志行修谨、清平干济等分科来选拔人才。唐代将隋朝建立的科举制度进一步完善，唐在隋的基础上，将经常科目分为六科："一曰秀才，二曰明经，三曰进士，四曰明法，五曰书，六曰算。"[3]六

---

[1] 楼劲："唐代的尚书省——寺监体制及其行政机制"，载《兰州大学学报（社会科学版）》1988年第2期。

[2] （唐）杜佑：《通典·选举典》。

[3] 马端临：《文献通考·卷二十九·唐登科记总目》。

科之中尤其以进士科最为重要,"大抵众科之目,进士尤为贵,其得人亦最盛焉。"[1]统治者通过科举取士,将全国各类人才笼络进统治阶层,而中小地主阶层子弟通过科举考试逐步进入政府权力部门,从而打破了长期以来"上品无寒门,下品为无族"的以门阀取士的九品中正制人才选拔体制,有力推动了中央集权的巩固与发展。科举制度在一定程度上保障了中下层阶层通过国家统一科举考试进入统治阶层,促进了社会阶层的纵向流动,打破士庶隔阂带来的社会不平等结构,有利于封建统治秩序的长期稳定。

3. 地方行政区划的合理化

隋唐时期不仅在中央政治体制上趋于完善,对于地方行政区的设置来说,也体现了走向成熟的趋势。唐代在地方政府行政管理上进一步探索,在汉代郡、县两级地方行政机构的基础上,设立道的行政管理级次,作为中央更加高效管理州县的重要中间地方政府机构,从而形成地方道、州、县三级管理体制。唐代道制的改革发展过程及三级制地方行政体制的形成过程,正是一种顺应趋势而发展的过程,改变了唐初以来朝廷对地方州县的管理在形式和政策上长期不定的局面,唐代道制的发展及引起的地方行政体制变革,在中国古代的地方行政制度发展史上是一种历史进步,一种符合趋势的发展。[2]在县级以下,过去的乡里制度逐步让位于乡、村为基本结构的基层地方行政区域。唐代的地方行政机构改革,从行政管理系统上强化封建专制集权,打击和削弱地方豪强地主,巩固封建国家的税收体系,适应科举考试以来整个封建国家管理体制变革,是两千余

---

[1] 《新唐书·卷四十四·选举志》。
[2] 郭锋:"唐代道制改革与三级制地方行政体制的形成",载《历史研究》2002年第6期。

年封建国家基层政权建设的典范。

二、儒家思想与儒家文化的成熟

儒学历经两汉以及魏晋南北朝时期的漫长时间的发展演进以后，在唐朝进一步繁盛。在汉武帝推崇儒学以来的两汉三百余年的经学，虽经过南北朝时期的战乱，虽然儒学曾一度受到佛学、玄学思潮的冲击，但仍然保持了强劲的生命力，学术传统相沿不改，儒学经典的研究与注释成果丰硕。隋唐的大一统时代的到来，为儒学的进一步发展提供了稳定的社会环境。隋唐时期是儒学在孔孟以来近千年的学术成果大总结和大繁荣时期，开创了儒学发展的一个鼎盛时期。这一时期的儒学的发展具有如下特点：

1. 历代统治者推崇儒学

唐高祖李渊以武力夺取政权以后，重视以儒学兴教，重用儒学知识分子。先后下令恢复国学，令国子学立周公和孔子庙，以周公为先圣，孔子为先师，四时致祭，并亲自听儒生讲经。据记载，高祖即位之初，就下令恢复学校，"置国子、太学、四门生，合三百余员。郡县学亦各置生员。"[1]武德二年（619年），下诏："朕君临区宇，兴化崇儒，永言先达，情深绍用。宜令有司于国子学立周公、孔子庙各一所，四时致祭。仍博求其后，具以名闻，详考所宜，当加爵士。是以学者慕向，儒教幸兴。"[2]重用钻研儒家经典的知识分子，李渊下令，"诸州有明一经以上未被升擢者，本属举送，具以名闻，有司试策，皆加叙用。其吏民子弟，有识性明敏，志希学艺，亦具名申送，

---

[1]《资治通鉴·唐纪一》。

[2] 董皓：《全唐文》，中华书局1982年版，第125页。

量共差品,并即配学。州县及乡,并令置学。"[1]唐高祖还邀请当代儒学名师讲授经典,亲临国子学,听孺生讲解经义。唐太宗时期对于儒学的推崇备至,贞观四年(630年),令全国州县皆立孔子庙。贞观十一年,又下诏尊孔子为宣父,并在兖州修庙,"给户二十,充享祀焉"。唐太宗不但尊孔,还对历代名儒和经学大师尊崇有加,下诏对近代名儒及其子孙优加褒扬,诏称梁皇侃等"并历代名儒,经术可纪。加以所在学徒,多行其疏,当加引擢。"[2]贞观二十一年,唐太宗又诏称左丘明、卜子夏、公羊高等二十一人,"并用其书,垂于国胄。既行其道,理合褒崇。自今有事太学,可与颜子俱配享孔子庙堂。"[3]给予前代名儒无上崇高的荣誉,借以提高儒学的地位。唐高祖、唐太宗为此后的唐王朝推崇儒学,尊崇儒门士人作出了表率。终唐一朝,对于儒学、儒士的重视和推崇相沿不改。

2. 开展大规模儒家经典编纂工程

唐太宗在重视儒学治国,重用儒学知识分子的同时,推动儒家经典的编纂和系统整理的工作旋即展开,公元630年开始(贞观四年),先后历经太宗和高宗两朝,历时二十多年进行有史以来的最大规模的儒家经典编纂工程,太宗鉴于"经籍去圣久远,文字多讹谬",令颜师古"考定《五经》,颁于天下",又因"儒学多门,章句繁杂",令孔颖达与诸儒着手整顿魏晋以来分裂的儒家典籍,择善而从,"撰定《五经》义疏,凡一百七十卷,名曰《五经正义》,令天下传习"。[4]从此《五经正义》成为官学和科举所遵依的范本,是儒学经典编纂史上的创举。

---

[1] 刘昫:《旧唐书》卷二十四,中华书局1975年版,第70页。
[2] 刘昫:《旧唐书》卷一八九上,中华书局1975年版,第4942页。
[3] 刘昫:《旧唐书》卷二十四,中华书局1975年版,第4942页
[4] 刘昫:《旧唐书》卷一八九上,中华书局1975年版,第4941页。

两汉、魏晋以来的经学,在数百年时间内所形成的卷帙浩繁的儒学经典注释工作,形成了众多的儒家经学大师和经学流派。如何鉴别不同的儒学注释,考订不同观点,去除谬误,这些都是浩繁的整理工程。虽然政府统一进行的经典编撰行为在一定程度上扼杀了儒学学术研究的内部争鸣,但是却为后代提供了较为规范的经典文本,防止了经典著作因年代久远出现的散佚。正如有学者指出的"唐太宗令孔颖达纂《五经正义》,颜师古定《五经》正本,对儒学的影响,与汉武帝罢黜百家、独尊儒术有同样重大的意义"。[1]《五经正义》的颁行,在长期的儒家经典注释以来儒学归于统一,儒学成为官方意识形态和中华文化的精髓之最重要的组成部分,影响了其后的一千余年的整个封建王朝历史。

3. 儒学教育空前兴旺

隋唐时期的儒学教育出现了一次复兴,从中央到地方,将儒学教育作为政府的主要职责,儒学对社会的影响达到前所未有的深度。首先是各级学校教育的蓬勃发展。唐代政府在中央设立国子、太学、四门学、弘文馆、崇文馆等,地方则设立京都学,大、中、下都督府学,上、中、下州学,京县学和上、中、下县学,唐太宗下诏在州县都设立孔庙,将尊崇孔子,表彰儒家先贤与各级学校教育紧密结合。唐代还编辑许多儒学启蒙读物,在唐代儒学真正以前所未有的广度实现了儒家知识分子与广大社会各基层民众的紧密结合,整个社会形成了尊重儒学,研究儒术,践行孔孟之道的生机勃勃的恢宏景象。史载"玄武门屯营飞骑,亦给博士,授以经业。有能通经者,听之贡举。是时四方儒士,多抱负经籍,云会京师。俄而高丽及百济、新罗、高昌、吐蕃诸国酋长,

---

〔1〕 范文澜:《中国通史》(第 4 册),人民出版社 1965 年版,第 243 页。

亦遣子弟请入国学。鼓箧而升讲筵者，八千余人。济济洋洋焉。儒学之盛，古昔未之有也"[1]。太宗皇帝的儒学教育政策，使儒学的地位得到了巩固和提升，使初唐时期的儒学呈现出一派繁荣景象。通过推行科举制度进而影响了教育制度，以儒学为基础的科举制度的建立使得以儒学作为教育主要内容成为官学、私学的自觉选择。其次，政府将儒家经典与整个社会的舆论引导紧密结合起来，弘扬经典，表彰儒家伦理模范。唐政府大力推广《孝经》，经常以诏书形式旌表孝行。唐玄宗时期亲自注解《孝经》并颁行天下。"（开元）十年六月二日，上注《孝经》，颁于天下及国子学，至天宝二年五月二十二日，上重注，亦颁天下。"[2]玄宗天宝三年，乃"诏天下家藏《孝经》，精勤教习，学校之中，倍加传授，州县官长，申劝课焉。"[3]统治者对于社会孝敬父母行为大力表彰，以示世人。高祖李渊颁发《旌表孝友诏》，对京城孝民王世贵、宋兴贵等人"并旌表门闾，蠲免课役，布告天下，使明知之。"[4]贞观十一年（公元637年）四月，唐太宗颁布《采访孝悌儒术诏》："宜令河北、淮南诸州长官，所部之内，精加采访，其有孝友淳笃，兼闲时务……并志行修立，为乡闾所推者，举送洛阳。管给传承，优礼发遣，随其器能，擢以不次。"[5]在《新唐书·孝友传》中，因孝行受表彰而被载于史册的就达153人，因"数世同居"以示孝悌和睦被旌表在册的计有36家。[6]

---

[1]《旧唐书·儒学传》。
[2]（唐）王溥：《唐会要》，中华书局1955年版，第568页。
[3]（唐）王溥：《唐会要》，中华书局1955年版，第645页。
[4]（清）董诰：《全唐文》，中华书局1982年版，第125页。
[5]（宋）宋敏求：《唐大诏令集》，学林出版社1992年版，第471页。
[6]参见王汉儒："唐代儒学地位探析——以'权力秩序的构建'为考察视角"，曲阜师范大学2010年硕士论文。

三、隋唐帝国的民族与外交政策

隋唐帝国是中国历史上少有的处理民族关系和对外关系的成功典范,在两都长安和洛阳,汇聚了当时世界上规模最大的各民族商旅和各国使团,长安、洛阳成为中华文化的汇聚中心,吸引了世界的目光。隋唐帝国在处理民族关系上,采取一系列因地制宜的政策措施,确保了边疆稳定和民族关系的发展。隋唐文明是当时世界上最为耀眼的文化圈,隋唐帝国是继秦汉帝国以来,最为强大的统一国家,政治上统一、经济上发达、文明上具有强大凝聚力的区域,和西欧处于四分五裂、罗马帝国衰亡后的残破景象形成鲜明的对比。在民族关系中,以汉族为主体的中原文明与西北边疆游牧民族之间关系逐步得到稳定,秦汉以来的北方强悍的少数民族政权在隋唐帝国的强盛局面下,已经失去了往昔如匈奴类似可以任意践踏中原的军事优势。唐帝国在建立政权以后,发动了一系列对边疆少数民族政权的战争,北方与突厥的战争大大削弱了西北对于中原的威胁,唐政府将整个帝国的统治区域一直延伸到辽阔的西域。在平定西突厥贵族的叛乱后,唐朝完全统一了西域地区,随后逐步建立起以安西、北庭两大都护府为最高军事行政机构、以直属府州和羁縻府州为主要行政区划的"双轨制"。按照因地制宜、顺俗施化的羁縻策略,在条件成熟的地区建立直属州县制,如在新疆东部一带汉族较为集中,风俗制度、社会经济发展与中原相近,唐王朝便在这一地区建立与中原一致的行政区划,设立州、县、乡、里,直接进行行政管理,著名的西州、伊州、庭州、沙州就属此。而在唐王朝控制的天山南北及中亚北部广袤地区,由于部族林立,社会经济文化与中原地区有着较大的差异,就以羁縻府州为主要管理形式。在这两套行政建制之上,另设直属于中央的最高军事行政机构——安西、北庭两大都护府以总揽全局。两大都护府"抚慰诸蕃,辑宁外寇,觇候奸谲,征讨携贰",保障着唐王朝在西北地区军政号令的统一。[1]在稳定西北边疆的同时,唐积极拓展对外关系,加强与欧亚非等国家的商业、文化交往,丝绸之路将中原的丝绸、瓷器和茶叶源源不断通过西域运往西亚乃至欧洲的许多国家,很多国家派遣使臣和留学生到长安洛阳,中外关系呈现勃勃生机的景象,唐在国际上的地位和威望冠盖欧亚大陆,成为当时世界上首屈一指的经济与文化强国,受到各国人民的尊敬和拥戴。隋唐时代是中华民族在民族关系与对外关系最为引以自豪的时代,将中华文化在世界民族之林的自信心抬高到一个历史最高水平。

第二节 唐律成就与法律儒家化发展

一、唐律的历史地位与成就

唐律是中华法系有代表性的法典,在中华法制文明史上占有重要地位。唐律在隋律的基础上进行修订而成。公元621年,刚刚建国的唐高祖李渊命时任尚书左仆射裴寂等人根据隋《开皇律》,改定律令,是为《武德律》。公元627年,即贞观元年,唐太宗命长孙无忌、房玄龄等人进一步修订律令,前后历时11年,于637年颁布《贞观律》,《贞观律》全文共计"五百条,分为十二卷"。[2]《贞观律》成为后来唐律修订和注释的蓝本,

---

〔1〕 周德钧:"略论唐代治理西域的大战略",载《湖北大学学报(哲学社会科学版)》2011年第1期。

〔2〕《新唐书·刑法志》。

正如沈家本所说,"唐律以贞观所修为定本"。[1]此后,唐律在高宗朝进一步进行注释和修订。公元650年,唐高宗命长孙无忌等人在《贞观律》的基础上,修订律令格式,于公元653年完成,此次修律的特色在于将法律的官方注解一并归并与律文之中,形成一种律文附注疏的体例,便于各级司法人员执行。正如唐高宗颁布诏书所说,"律学未有定疏,每年所举明法,遂无凭准。宜广召解律人条义疏奏闻,仍使中书门下监定。"此次长孙无忌、李勣等人修订的律文与注疏合一的文本,被称为《永徽律疏》,律文在前,注疏附于律文之后。《永徽律疏》颁布以后,唐玄宗开元年间,公元718年,命大臣进一步删定律令格式,公元737年,李林甫等完成新修订的律疏共计30卷,是为《开元律疏》。开元年间修订的律疏称为唐律最为完善的文本,即流传至今的《唐律疏议》的来源,是我国第一部保存最为完整的古代法典。

唐律作为中华法系最有代表性的法律文本,在中华法制文明史上具有重要的历史地位,主要体现在以下方面:

1. 唐律在立法技术达到一个新高度

唐律在立法技术上,在总结前代律典成就的基础上,臻于完善。唐律正文共计12篇,条文共计502条,后附的注疏共计30卷,在体例结构上,可以说是集历代法典经验之大成。第一篇《名例律》,相当于现代刑法总则,统贯其后各篇,形成总分层次分明的律典体系。在《名例律》中,对于一些重要刑法概念、原则、规则进行了提纲挈领、简明扼要的归纳,语言平易,逻辑清晰,是中国古代刑法典在总则立法上的代表作。《名例律》重要规定了五刑、十恶、八议、请、减、赎、官当、免,

---

[1] (清)沈家本:《沈寄簃先生遗书》(甲编),《历代刑法考·律令考三·唐》。

以及老、幼、笃、废、残疾减免刑,公私罪的划分,数罪并罚,自首、共犯,故意与过失,类推适用,同居相隐,化外人犯罪等,这些概念原则几乎成为中国以前历代刑法经验智慧的大总结和大归纳,在唐律中,将这些历代相沿不改的法律原则统摄到一个法典中来,体现了刑事法典总则立法技术的成熟。在后面的分则部分,分别为卫禁、职制、户婚、厩库、擅兴、贼盗、斗讼、诈伪、杂律、捕亡、断狱等十一篇。这些篇章在总则《名例律》的统率下,成为一个轻重、类别、先后层次清晰的篇章结构。从唐律的律文表述上来看,通俗易懂,名词涵义清晰,文笔简约,但是在重要概念的表述上逻辑严谨,字斟句酌,十分便于广大司法人员执行,成为古代律典具有典范的文本。

2. 唐律在礼法结合上创造新的典范

唐律的修订,实际上是与整个唐帝国推行儒教治国理念的大背景密切相连。儒学复兴,儒家思想的知识分子通过科举考试成为国家的各级官吏,在整个国家的法律执行过程中,急需要一部能过体现儒家精神原则的最高法典作为法律依据。唐律在总结前代法律儒家化的成就的基础上,进一步总结发展,将儒家伦理精神与刑法科条紧密结合。"古之为国者,议事以制,不为刑辟,惧民之知争端也。后世作为刑书,惟恐不备,俾民之知所避也。其为法虽殊,而用心则一,盖皆欲民之无犯也。然未知夫导之以德、齐之以礼,而可使民迁善远罪而不自知也。"[1]唐律本着将儒家伦理与法律原则紧密结合,在律典总则、律文以及注疏中均渗透出儒家以礼乐治国,礼与刑结合的精神,将儒家基本原则转化成律条和注释,将自汉代以来的法律儒家化运动所产生的成果,融会贯通地体现到律典简明的文

---

[1]《新唐书·刑法志》。

本之中,成为礼法结合的律典编纂的典范。

3. 唐律在世界上产生了广泛的影响

唐律作为中华法制文明的成就,代表了当时世界上立法的先进水平。隋唐时代随着中国对外交往的日趋频繁,周边国家纷纷派遣使节、学生以及僧侣,来长安和洛阳学习中国先进的文化,包括法制文明成果。他们纷纷将唐先进的政治法律制度带回国内,为本国法制改革提供蓝本。日本学者指出:"《大宝律》大体上是采用《唐律》,只不过再考虑我国国情稍加斟酌而已。"[1]日本大化改新以后新成立的孝德天皇政权,仿照唐的各项制度,推行了一系列社会改革措施,建立起统一的中央集权制的封建国家,从大化改新的主要措施,无论是政治制度、经济和文化措施,均深受唐代相关法律制度的影响。朝鲜法律也同样受到唐律的影响,高丽王朝的律典基本上是仿照唐律的内容,结合本国的一些特殊情形制定。越南的法律制度,同样是向唐律学习的结果。越南李氏王朝统治期间,公元1042年颁布的《刑书》,陈氏王朝于公元1230年制定的《国朝刑律》,基本上是参酌唐宋法律制度,斟酌修改而成。[2]

4. 唐律为后世法典编撰提供了借鉴

《唐律疏议》作为中国法律史上的具有代表性的法典,对后来的封建王朝律典的编纂起到了重要作用。以《宋刑统》为例,《宋刑统》在法典编纂的总体框架上保持了《唐律疏议》篇、卷、条的总体结构,法条注疏合一。在各个篇目的关系上,与唐律一样,《名例律》依旧是全法典的总则,统领全部篇章,基本的法律原则如"十恶"等规定在名例律中予以规定。就法典的主要内容而言,《宋刑统》继续贯彻《唐律疏议》关于法律

---

[1] [日]桑原骘藏:《中国法制史论丛》,第363页。
[2] 张晋藩:《中国法制史》,群众出版社1991年版,第284页。

儒家化的基本精神,将唐律中已经成熟的基本原则和制度予以承袭和沿用,比如八议、十恶、同居相隐等反映儒家基本伦理原则的核心制度,在《宋刑统》中同样予以规定。从律典篇章结构和主要内容来看,《宋刑统》的主要法律规定基本上是来自于《唐律疏议》,有学者认为前者为后者的翻版,有一定的道理。从这一点来看,唐律为后来的宋代的立法提供了主要的历史参照,包括宋代以后的元明清,唐律中所取得的主要法律成就和立法技术为后来的各朝代的立法起着重要的参照作用,是中国封建社会成熟时期的最完善的一部传世法典。

二、隋唐时期法律儒家化深入发展

隋唐时期的统一,带来了整个社会与文化生活的稳定和繁荣。隋唐是继秦汉以来对中国传统文化的大总结和大发扬的时期。文化上的自信从整个社会生活的各方面反映出来,传统文化以其厚积薄发的能量在隋唐的历史中充分展现出来。从整个隋唐法律制度来看,积淀于历史中的一种文化精神通过新的统治者的倡导进一步发挥出来。而魏晋以来的长期动荡曾经给中国主流的儒家思想带来的沉重的冲击,包括南北朝的佛教盛行所带给儒家学说的挑战在隋唐已经逐渐消退。隋唐的统一给儒家文化的复兴和繁荣创造稳定的社会秩序环境,而儒家的知识分子又一次站在时代最高点,将过去汉武帝时期的独尊儒术的历史辉煌发扬光大。数百年的丧乱以后,儒家的经典散落和儒家名士的亡故给儒家的思想传承带来了巨大的挑战,但是,我们从隋唐时期的儒学复兴的强劲势头来看,经典以及对经典的注释,将儒学与国家、社会生活紧密结合的传统重新回归,似乎并不是什么障碍。从法律方面来看,隋唐时期的法律实际上是中国古代法精神中儒家化倾向的集大成,汉魏以来的儒家化运动，使得法律的基本精神与法律的外在规范在儒家的思想体系的统率下更加纯熟和精巧，唐律基本上是"一准乎礼"，法律的儒家化同时推动了儒家思想在整个国家政治法律生活中的运用于贯彻，日常生活与法律的国家规范，在儒家伦理的话语语境中有机统一起来。

(一) 基本法律精神儒家化的成熟与定型

在法律的基本原则和精神层面，隋唐时期的法律做到了将儒家的伦理原则与法律的基本精神有机的融合和统一，将礼的基本精神价值贯彻到法律的规则之中，实现了儒家崇礼重德，德礼为本，刑罚为用的基本法律理念。法律基本精神的法律化主要体现在以下方面：

1. 在律典中明确规定礼与法的基本关系

唐律将儒家关于礼法关系的基本原则以法律形式确定下来。《唐律疏议》于篇首的《名例律》中声明："德礼为政教之本，刑罚为政教之用，犹昏晓阳秋相须而成者也。"将德主刑辅这一儒家基本价值判断渗透到对于法律的规定之中。在儒家看来，整个人间秩序犹如天道运行一样，要顺应自然规律，而不能如法家那样将法律的功能抬高到无以复加的地位，法律规定形成的秩序应该反映整个社会基本人伦道德的价值追求，法律在调整人们行为的过程中不能违反儒家基本的人伦道德的原则。在阶级社会，礼仪道德规范是整个社会不可缺少的基本价值准则，"今大道既隐，天下为家。各亲其亲，各子其子，货力为己。大人世及以为礼，城郭沟池以为固，礼义以为纪，以正君臣，以笃父子，以睦兄弟，以和夫妇，以设制度，以立田里，以贤勇知，以功为己。故谋用是作，而兵由此起。禹汤文武成王周公由此其选也。此六君子者，未有不谨于礼者也，以著其义，以考其信，著有过，刑仁讲让，示民有常。如有不由此者，在执者去，众以为殃。是谓小康。"[1]在统治者治理国家方式上应该将礼仪道德放在优先地位，以礼乐来引导整个社会民众的基本价值判断，通过礼乐之治的推广来化民成俗，达到儒家所要求的"明德、新民、止于至善"社会治理目标。在整个国家的政治、经济和文化教育体系中，统治者应该以礼乐精神推行他们的各项法律和政策，而不能违背儒家的基本的纲常伦理规范，不能违背基本的天理人伦的宇宙和社会秩序，社会治理的目的不是实现某种可以刺激人们嗜欲的工具性目标，而是要通过整个政治法律秩序，达到提高每个国民的礼仪道德水准，提高每个人的思想道德境界的目标，从而实现整个社会的从"上下交征利，礼崩乐坏"，向天下为公、礼乐中和的良好社会状态的转变。在这一精神的指引下，制定唐律的统治者们从历史上的法律儒家化的思潮的经验教训中，将儒家的基本精神、价值与法律的原则紧密结合起来，从根本上确立了礼与法的地位和作用，明确了礼的规范与法律规范在社会关系调解中的不同作用和界限。唐律对于礼法关系从法律的基本精神上予以明确规定，反映了对礼法关系认识上的成熟与完善，是汉代以来法律儒家化的主要历史经验的总结和升华，成为后世定型化的关于礼法关系的意识形态。

2. 将儒家"三纲"核心原则贯彻到各项法律条文中

所谓"三纲"，即汉儒家董仲舒提出的"君为臣纲"、"父为子纲"、"夫为妻纲"，"君臣、父子、夫妇之义，皆取诸阴阳之道。君为阳，臣为阴；父为阳，子为阴；夫为阳，妻为阴"；"王道之三纲，可求之于天。"[2]"三纲"正式成为封建统治者倍加推崇的治国原则和伦理原则。东汉时期，对于儒家的"三

---

[1]《礼记·礼运》。
[2]《春秋繁露·基义》。

纲"原则加以法典化,章帝时班固编撰《白虎通义》,成为统治者治国的基本教义,其中指出:"三纲法天地人……君臣法天,取象日月屈信,归功天也。父子法地,取象五行转相生。夫妇法人,取象人合阴阳,有施化端也。"[1]君为臣纲,实际上就是忠;父为子纲,就是孝;夫为妻纲,就是义。封建统治者认为上至君主,下至百姓,应该将"三纲"作为最高行动原则。忠孝节义,是礼之大防,是整个社会秩序赖以维系的擎天柱,忠孝节义存,则国家存,忠孝节义亡,则社会必然陷入混乱,国家就会衰亡。唐律将"三纲"的基本原则深入渗透到各种犯罪与刑罚的规定中,具体的体现在:一是将"三纲"作为各类立法的基本立足点,法律的合理性,首先在于是看否违背"三纲"的最高伦理原则,是否有利于维护"三纲"伦理秩序,将刑罚的基本目的定位于维护纲常伦理秩序。二是将"三纲"作为在法律价值冲突时的首要选择原则,在严格遵守法律条文和遵守伦理道德准则相互冲突时候,优先选择"三纲"作为最终评判标准。三是将"三纲"通过一系列具体的制度,比如国家、社会、家庭等各方面的规范加以具体化,在每个法律部门的主要法律原则和法律规则中贯彻这一根本准则。

3. 将儒家的礼的等差原则渗透到法律的原则精神中

儒家坚持礼乐治国,将人伦作为至高无上的原则予以维护和推崇,反映了中国文化自蒙昧时期以来特有的价值倾向。作为调整和规范社会秩序的礼,是以维护以亲亲和尊尊为主要内容的等差秩序作为目标。礼主异,以别亲疏、贵贱、长幼、夫妇等作为其主要特征。"乐者为同,礼者为异。同则相亲,异则相敬。乐胜则流,礼胜则离。合情饰貌者,礼乐之事也。礼义

---

[1]《白虎通义·三纲六纪》。

立,则贵贱等矣;乐文同,则上下和矣。好恶著,则贤不肖别矣。刑禁暴,爵举贤,则政均矣。仁以爱之,义以正之,如此,则民治行矣。"[1]儒家将礼乐与大自然的天地关系加以比附,乐象天,礼象地;乐感化人的心灵,礼节制人的欲望行止;乐可以达到天地万物的和与同,礼可以做到让万物在天地中找到自己应有的秩序。"乐者,天地之和也;礼者,天地之序也。和,故百物皆化;序,故群物皆别。乐由天作,礼以地制。"[2]唐律将儒家的礼的等差秩序在法律上予以充分体现。首先,在君臣、官民之间的关系上,维护上下的等级特权,防止人们侵犯严密的等级秩序。在整个封建统治权力等级中,君主占据整个权力链条的顶端,对于君主权力的维护,唐律借助法律儒家化的途径,将君主的权威、地位、特权予以法制化,对于违背君主意志、挑战君主的无上权威和图谋推翻政权的人给以残酷的刑罚。如对于谋反罪,不论是在行动上还是仅仅是在言辞中,均给予最严厉的刑事处罚,"诸谋反及大逆者皆斩;父子年十六以上皆绞,十五以下及母女、妻妾、祖孙、兄弟、姊妹若部曲、资财、田宅并没官。"[3]其次,对于违背亲情伦常的等级秩序的行为,依照亲属关系的远近,给予轻重不等的处罚。以尊犯卑,论罪上给以从轻或者减轻处罚;对于以卑犯尊的,根据违背的伦理纲常的重要性程度,给予轻重不等的刑事处罚。再次,在良贱关系上,对于社会地位高的与社会地位低的犯罪,在相同情况下给予差别的法律制裁措施。唐律规定良贱之间在法律地位上不平等,良贱之间不应该受到同等对待。唐律中的良民指纳入国家编户管理的人民。贱民是除此之外的人,如杂户、官户、

---

[1]《礼记·乐记》。
[2]《礼记·乐记》。
[3]《唐律疏议·贼盗》。

部曲、奴婢等,贱民在唐代被视为没有独立法律人格的客体,"奴婢贱人,律比畜产"[1]。"奴婢既同资财,即合由主处分。"[2]良贱之间在政治、经济和法律地位上均实行有差别的法律待遇:法律规定良贱禁止通婚,禁止奴婢控告主人,禁止贱民参加国家统一的科举考试,在刑罚处罚上,良侵犯贱人罪行轻,贱人侵犯良人罪加重,"诸主殴部曲至死者,徒一年。故杀者,加一等。其有愆犯,决罚致死及过失者,各勿论。"[3]

(二)主要法律制度儒家化发展的集大成

隋唐法律儒家化的进一步发展,使得封建社会一些具有代表性的法律制度进一步成熟和完善,成为中国后世法典的圭臬。从唐律关于一些主要法律关系的法律规定,可以看出中国法典儒家化经过两汉魏晋南北朝的变迁,逐步定型,唐律实际上是在系统整体前代法律制度的基础上的新的融合与创新。主要体现在以下方面:

1. 完整确立封建五刑体系

在隋律的基础上,唐律对于刑罚体系将刑罚种类分为笞杖徒流死五种:其中笞刑五等,分别为一十、二十、三十、四十、五十五等;杖刑五等,分别为杖六十、七十、八十、九十、一百;徒刑五等,分别为徒一年、一年半、二年、二年半、徒三年;流刑三等,分别为流二千里、二千五百里、三千里;死刑两种,即绞、斩。至此,唐律将秦汉以来中国刑罚制度的变迁伴随着法律儒家化的形象逐步体系化趋势加以总结,完成了中国封建时代五刑体系的历史嬗变。封建五刑,实际上是儒家对于刑罚的道德评判与法律判断的精神体现。儒家思想天地人相

---

[1] 《唐律疏议·名例》。
[2] 《唐律疏议·户婚》。
[3] 《唐律疏议·斗讼》。

统一的思维，将人间秩序配比宇宙自然秩序，天有阴阳五行，宇宙有金木水火土，人间有仁义礼智信五常，而对于治国不可或缺的刑罚来说，最重要的是得中，刑罚要宽平，体现统治者施行仁政，推行仁义的治国思想。封建五刑实际上是适应了儒家思想对于法律上进一步人道化、宽和化以及适中化的考量。五种刑罚实际上遵循了由轻到重，轻重适度，禁止酷刑和以法律作为打击罪犯、惩罚犯罪的手段性措施，刑罚的功能是寓教于罚，法律的惩罚功能是有限的，最根本的是推行礼乐教化，法律的最终手段总有穷尽的时候，而礼乐教化却可以潜移默化地引导民众迁善远罪，道而从善，达到社会治理的良好局面。

2. "十恶"重罪正式定型

唐律沿用隋《开皇律》，将"十恶"作为国家严惩的犯罪行为，列入《名例律》，予以加重处罚。唐代"十恶"是对《北齐律》重罪十条的进一步完善。这十恶分别为谋反、谋大逆、谋叛、恶逆、不道、大不敬、不孝、不睦、不义和内乱。"一曰谋反：谓谋危害社稷"。"二曰谋大逆：谓谋毁宗庙、山陵及宫阙"。"三曰谋叛：谓谋背国从伪"。"四曰恶逆：谓殴及谋杀祖父母父母，杀伯叔父母、姑、兄姊、外祖父母、夫、夫之祖父母父母。""五曰不道：谓杀一家非死罪三人，支解人，造畜蛊毒、厌魅。""六曰大不敬：谓盗大祀神御之物、乘舆服御物，盗及伪造御宝；合和御药，误不如本方及封题误；若造御膳，误犯食禁；御幸舟船，误不牢固；指拆乘舆，情理切害，及捍对制使而无人臣之礼。""七曰不孝，谓告言、诅詈祖父母父母。及祖父母父母在，别籍异财，若供养有阙。居父母丧身自嫁娶，若作乐，释服从吉；闻祖父母父母丧，匿不举哀。诈称祖父母父母死。""八曰不睦：谓谋杀及卖缌麻以上亲，殴告夫及大功以上尊长、小功尊属。""九曰不义：谓杀本属府主、刺史、县令、见受业师，吏卒杀本部五品以上官长；及闻夫丧匿不举哀，若作乐，释服从吉，及改嫁。""十恶"作为刑法原则，其立法目的主要有：一是维护以君主为核心的整个统治阶层的特权和地位。"十恶"在"唐律疏议"中从儒家经典中寻找理论依据，"案公羊传云'君亲无将，将而必诛'，谓将有逆心，而害于君父者，则必诛之……王者居北宸极之至尊，奉上天之宝命，同二仪之覆载，作兆庶之父母，为子为臣，惟忠为孝。乃敢包藏凶慝，规反天常，悖逆人理，故曰谋反。"二是对于违背亲情伦常的行为予以制裁，维护儒家倡导的伦理秩序。"十恶"中"恶逆"、"不孝"、"不睦"、"不义"、"内乱"等，基本上都是违背了重要的亲属伦理，违背了孝悌基本原则的犯罪行为，儒家通过严厉处罚危害亲属伦理的犯罪行为，以维护长幼尊卑、父父子子、夫夫妻妻的家族伦理秩序。三是在具体执行刑罚处罚过程中，不得适用法律的从轻或者减轻的法律条件，比如在帝王宣布大赦，对于犯"十恶"重罪的一般不得赦免；在执行死刑时，可以不受法律规定的行刑日期的限制，实行"决不待时"；此外"十恶"罪犯也不能根据"八议"享有相应的法律上减免刑罚的特权。

3. 依照服制科处刑罚

依照亲属丧服关系的远近，来体现亲属之间犯罪在追求刑事责任时候的伦理关系考量，这就是"准五服以治罪"。自汉代法律儒家化以来，如何处理亲情伦理与法律之间的关系的问题已经产生，西晋将"准五服以治罪"正式确定为权衡刑罚轻重的重要原则。其主要立法目的就是维护儒家所倡导的父子、夫妻、兄弟之间的尊卑有别、家族和睦的伦理秩序，达到父慈子孝、兄友弟恭、夫和妻随的良好的亲情关系，实现家族的礼让节义、和睦圆融。《唐律疏议》对自西晋以来的服制入律的立法成果进行总结，进一步完善了服制科刑的法律规定。主要体现在：(1) 尊卑亲属之间犯罪的，同罪科处异罚。比如谋杀常人（未遂）徒三年；谋杀期亲尊长、外祖父母、祖父母、夫、夫之祖父母父母皆斩。谋杀缌麻以上尊长，流二千里，已伤者绞。但尊长谋杀卑幼，各依故杀罪减二等；已伤者减故杀罪一等。斗殴伤人犯罪方面，常人斗殴未伤者笞四十，而假若殴打祖父母、父母、夫、夫之祖父母父母者，不论是否造成伤害，皆斩或者绞。而尊长殴卑幼的，造成伤害的，缌麻亲减凡人一等，小功亲递减一等。子孙违反教令而祖父母父母殴杀者，徒一年半；以刃杀者，徒二年；故杀者各加一等。(2) 亲亲容隐，依照服制决定刑事责任大小。亲亲容隐，即亲属间相互隐瞒犯罪行为，来自于孔子观点——"子为父隐、父为子隐，直在其中也。"自汉代以来，已经将亲亲相隐规定为法律原则。唐律规定："诸同居，若大功以上亲及外祖父母祖父母外孙，若孙之妇，夫之兄弟及兄弟妻，有罪相为隐。部曲奴婢为主隐，皆勿论；即漏露其事及摘语消息，亦不坐。其小功以下相隐，减凡人三等。若谋叛以上，不用此律。"[1]同居相隐体现了亲属之间的亲情，亲属之间爱护伦理责任高于法律责任。一方面是法律对于同居之间的隐藏包庇犯罪行为不予追求，甚至鼓励同居亲属之间的相互包庇行为，以保护亲属之间的亲情伦理免受法律的破坏；另一方面，对于不同亲属关系的容隐责任不同，服制越近，越有义务为亲属隐瞒犯罪，甚至告发犯罪的亲属的行为还要受到法律制裁。此外，对于执行法律的官员，同样应该遵循同居相隐的原则，不得强迫近亲属之间相互作证和相互揭发，因为这种看似公正地执法行为却从根本上违背了基本的伦

---

[1]《唐律疏议·名例律》。

常,违背了亲属之间的天然的血缘关系的神圣性,在这一点上,伦理道德替代了法律判断,法律必须让位于伦理道德原则。

4."刑不上大夫"的特权法制化

按照儒家的"刑不上大夫,礼不下庶人"的原则,汉代以来法律儒家化的趋势就是愈来愈强化贵族、官僚的各项法律特权,实际上这些规定与儒家关于三纲五常的基本伦理原则没有直接的对应关系,统治者很大程度上是借儒家之名,来巩固统治者基层的特权和地位。自汉代以来法律儒家化,统治者在推行儒家的礼乐教化的同时,也在一定程度上篡改了儒家对于"刑不上大夫,礼不下庶人"这一问题的本意,借助儒家思想的名义推行巩固专制统治基层特权之实。总体来看,这些制度表现这以下方面:

(1)"八议"制度。"八议"制度自曹魏《新律》正式入律,唐代对"八议"制度进一步完善,丰富"亲故贤能、功贵勤宾"八种享有特殊法律减免处罚情形的具体内容。议"亲",即"皇帝袒免以上亲及太皇太后、皇太后缌麻以上亲,皇后小功以上亲。"议"故",即皇帝故旧,"谓宿得待见,特蒙接遇历久者。"议"贤",即"谓贤人君子,言行可以为法则者。"议"能",即"谓能整军旅,莅政事,盐梅帝道,师范人伦者。"议"功",即"谓能斩将搴旗,摧锋万里;或率众归化,宁济一时,匡救艰难,功铭太常者。"议"贵",即"谓职事官三品以上,散官二品以上及爵一品者。"议"勤",即"谓大将吏恪居官次,夙夜在公;若远使绝域,经涉险难者。"议"宾",即前朝皇帝的嫡系后裔。对于"八议"之人,唐律规定,"若犯死罪,议定奏裁,皆须取决宸忠,曹司不敢与夺。"即对于"八议"之人,司法机关不得直接审判,只能将其罪状、身份等奏报朝廷处理。唐律之《狱官令》规定,"诸狱囚应入议请者,皆申刑部,集诸司七品以上于都座议之。"对于"八议"之人同时触犯"十恶"

的不在减免之列。

（2）上请制度。唐律规定："诸皇太子妃大功以上亲、应议者期以上亲及孙、若官爵五品以上，犯死罪者，上请。"[1]对于这些皇亲国戚以及高级官员，法律规定除按照"八议"制度享受减免刑罚的特权以外，进一步扩大了宽待的范围。对于上请的案件，一般不经过门下直接上报皇帝予以裁决。

（3）例减制度。"例减"是指对于一定范围的官僚贵族，犯罪以后，依照法律规定给予减刑一等。适用的对象是：七品以上官员，应"上请"之人的近亲属，八议之人犯流罪以下以及属于上请之人犯流罪以下。对于这些特殊的犯罪行为，唐律给予减轻一等处罚，充分体现对于处于统治阶层的官员贵族给予特殊待遇，充分体现最高统治者天子的恩惠，体现作为君父的天子的仁德与宽厚，从一定程度上是配合儒家礼乐治国的思想。

（4）赎刑和官当。赎刑与官当都是封建国家给予官僚贵族阶层的又一种特权，体现封建统治者尽量给予各级官员以各种法律上的特殊待遇。对于赎刑，一般是指一定范围的官员贵族犯流罪以下的，可以依法通过缴纳一定数量的金钱予以抵罪，主要包括"八议"、"上请"、"官当"这些特殊对象，以及九品以上的官员，应该享受"例减"官员的近亲属，此外还包括五品以上的妾犯流罪以下的。从赎刑的法律规定我们可以看出，对于官僚阶层的特权与豁免，实际上可以覆盖各级官员，在法律上使得官员与民众之间同罪异罚，儒家的刑不上大夫的一句先贤的语录被过于神圣化，甚至已经偏离了儒家某些基本原则和精神，变成君主给予臣子的一种变相赏赐。官当制度更是如此，官当指官员和爵位之人可以以官品、爵位折抵刑罚，从而

---

[1]《唐律疏议·名例律》。

达到在事实上减轻处罚的目的。

5. 秋冬行刑制度的完善

唐代刑罚对于汉代以来所形成的秋冬行刑制度予以进一步发展与完善，体现儒家天人合一思想。儒家将刑罚的执行与天地五行相联系，认为对于罪犯的死刑应该放在秋冬，以顺应天时，不得违背天地运行的自然规律与阴阳之道。秋冬行刑制度实际上主要应该包括以下内容：一是对于非决不待时，统治者认为极其严重的死刑罪犯以外的犯罪人，执行死刑应该选在秋后，不得在万物生发、大地复苏的春夏季节。二是死刑不得在一些特殊的时节执行，比如在国家举行大型祭祀、朔望、二十四节气、断屠月以及国家规定的假日等特殊期间执行。"从立春至秋分，不得决死刑。其大祭祀及致斋、朔望、二十四节气、雨未晴、夜未明、断屠日月及假日，并不得奏决死刑。"[1]三是行刑的具体时间应该在中午过后，唐代《狱官令》规定："诸决大辟罪……宣告犯状，仍日未后行刑。"

第三节 统治阶级法律思想概述

一、明君法律思想

隋唐开国较长时间内政治清明，社会逐渐稳定与发展，直到最终出现开元盛世的强盛的大唐帝国，与君主的贤明有直接关系。封建王朝的政治与最高统治者的个人品格有天然联系，所谓为政在人，人存政举，人亡政息。一个贤德的君主往往决定了整个国家政治法律秩序，乃至社会风俗的整体良莠优劣，

---

[1] [日]仁井田陞：《唐令拾遗》，东京大学出版社1983年版，第697~698页。

隋唐时期充分体现了这一封建社会政治运行的规律。为了缩小论述范围，这里仅仅列举隋唐两代开国君主在政治法律相关问题的思想。

（一）杨坚法律思想

1. 据仁德，兴文治

隋朝在北周王朝的基础上发展而来，在建国以后，隋文帝杨坚大力推行仁政，以推崇礼乐教化作为维护其政权合法性和权威性的重要保证。隋文帝开皇十一年，下诏："朕君临区宇，深思治术，欲使生人从化，以德代刑，求草莱之善，旌闾里之行。民间情伪，咸欲备闻。已诏使人，所在赈恤，扬镳分路，将遍四海，必令为朕耳目。如有文武才用，未为时知，宜以礼发遣，朕将铨擢。"[1]隋文帝通过武力夺取的政权，通过大力宣扬礼乐之治，赢得天下人对于隋政权的信任与尊崇，消除世人对于其外戚篡夺政权的戒惧之心。隋文帝在执政期间多次发布类似诏书，以表彰儒学思想，鼓励整个社会学习儒家经典，推动了隋初儒家思潮的复兴。他曾下诏说"丧乱已来，缅将十载，君无君德，臣失臣道，父有不慈，子有不孝，兄弟之情或薄，夫妇之义或违，长幼失序，尊卑错乱。朕为帝王，志存爱养，时有臻道，不敢宁息。内外职位，遐迩黎人，家家自修，人人克念，使不轨不法，荡然俱尽。兵可立威，不可不戢，刑可助化，不可专行。禁卫九重之余，镇守四方之外，戎旅军器，皆宜停罢。代路既夷，群方无事，武力之子，俱可学文，人间甲杖，悉皆除毁。有功之臣，降情文艺，家门子侄，各守一经，令海内翕然，高山仰止。京邑痒序，爰及州里，生徒受业，升进于朝，未有灼然明经高第。"[2]在最高统治者的倡导下，全

---

[1] 《隋书·高祖纪上》。

[2] 《隋书·高祖纪下》。

国上下兴起了学习儒家经典，推行儒家礼乐制度的浪潮，充分体现了杨坚对于儒家礼乐治国的推崇和重视，在他的推动下，儒学迎来了历史性复苏的新阶段。

2. 弃苛暴，简刑罚

杨坚建立隋朝政权以后，针对北周时期烦苛的刑罚以及诸多苛政进行改革，广施仁政，执政前期"薄赋敛，轻刑罚，内修制度，外抚戎夷。每旦听朝，日昃忘倦，居处服玩，务存节俭。"[1]杨坚通过实行较为宽松的政策，让久经战火的黎民百姓得以休养生息，社会生产逐渐恢复。在法律上，主要是减轻刑罚，注重礼刑并用。隋朝初年，隋文帝即针对北周法律烦苛的弊病着手进行改革。"初，周法比于齐律，烦而不要，隋主命高颎、郑译及上柱国杨素、率更令裴政等更加修定。政练习典故，达于从政，乃采魏、晋旧律，下至齐、梁，沿革轻重，取其折衷。时同修者十余人，凡有疑滞，皆取决于政。于是去前世枭、轘及鞭法，自非谋叛以上，无收族之罪。"针对刑罚繁密，刑罚偏重的问题，隋文帝要求臣下更改律令，除去烦苛的重罪，"帝览刑部奏，断狱数犹至万，以为律尚严密，故人多陷罪。又敕苏威、牛弘等更定新律，除死罪八十一条，流罪一百五十四条，徒杖等千余条，唯定留五百条，凡十二卷。自是刑网简要，疏而不失。仍置律博士弟子员。"[2]隋文帝还亲自审录囚犯，疏浚囹圄，平反冤狱，有力推动各级政权执法的宽平和公正。

3. 严惩贪，执法平

隋文帝十分重视吏治清明，带头秉公执法，遵守国家法律法令，提高了整个官僚系统的清廉和效率。文帝善于纳谏，虚

---

[1]《隋书·高祖纪下》。
[2]《资治通鉴·陈纪九》。

心听取臣下不同意见,做到决策和裁断公平。"上以绰有诚直之心,每引入阁中,或遇上与皇后同榻,即呼绰坐,评论得失,前后赏赐万计。"隋文帝对待各级官员贪污腐败行为决不姑息,秉公执法,不徇私情,维护了法律的公平和权威。如其子秦王俊,"及为并州总管,渐好奢侈,违越制度,盛治宫室。"后来被检举到隋文帝面前,文帝将秦王俊免官,赐死其妃子崔氏,有谏官上前为秦王求情宽大,文帝说:"我是五儿之父,非兆民之父?若如公意,何不别制天子儿律!以周公之为人,尚诛管、蔡,我诚不及周公远矣,安能亏法乎!"最后还是坚持要追求其法律责任。在隋文帝的励精图治的带头示范下,隋初吏治清明,各级官吏执法公平。

(二) 李世民法律思想

唐代自李渊登基以来,李世民作为重要的开国缔造者,并通过玄武门政变成为第二代君主,在其治理下,整个唐帝国出现了欣欣向荣的良好局面,形成历史上有名的贞观之治。李世民以及其重要的谋臣如魏征、房玄龄、杜如晦、长孙无忌等人所形成的法律思想,对于后来的唐帝国的继承者具有重要的影响。实际上李世民时期所奠定的诸多制度和规范,都成为后来整个帝国制度发展演变的基础。

1. 仁义治国,德礼为本

唐太宗李世民在十分重视儒家思想,在即位前即开文学馆,招纳儒学之士,"于时海内渐平,太宗乃锐意经籍,开文学馆以待四方之士。"[1]即位后,更加重视儒学在治理国家中的重要作用。"太宗初践阼,即于正殿之左,置弘文馆,精选天下文儒,令以本官兼署学士,给以五品珍膳,更日宿直,以听朝之

---

[1] 《旧唐书·太宗本纪》。

隙引入内殿，讨论坟典，商略政事，或至夜分乃罢。"[1]在唐太宗推崇儒学的政策引导下，天下士人相应，纷纷聚集京城，形成了唐初儒学兴盛的局面。唐太宗在治国实践中，依据儒家思想的仁义、仁政，作为国家的指导思想。他指出："子思三代以来，君好仁，人必从之。"[2]他吸取历史上王朝覆灭的教训，"朕谓离乱之后，风俗难移，比观百姓渐知廉耻，官民奉法，盗贼日稀，故知人无常俗，但政有治乱耳。是以为国之道，必须抚之以仁义，示之以威信，因人之心，去其苛刻，不作异端，自然安静。"在儒家仁政思想的指引下，整个唐初政权推行一系列宽松的政策，缓和了阶级矛盾，国内生产日益恢复，整个社会呈现良好发展，政通人和，百姓安居乐业，形为有名的贞观盛世。

2. 民贵君亲，本固邦宁

李唐王朝本身就是在隋末农民起义的战争中夺取政权，参加南征北战的李世民亲身体验到了农民起义的巨大威力，他从隋王朝的腐败与迅速崩溃的历史教训中充分认识到人民群众的力量，必须以隋炀帝暴政和腐败为借鉴。"天子者，有道，则人推而为主；无道，则人弃而不用。"[3]他认识到，君主应该以人民的利益为目的，人民才是决定君主命运的真正力量，"汝知舟乎？"对曰："不知。"曰："舟所以比人君，水所以比庶黎，水能载舟，亦能覆舟。尔方为人主，可不畏惧！"[4]唐太宗认为在治理国家上，应该注重缓和统治阶级同人民的矛盾，他曾经对臣下说，"凡事皆须务本。国以人为本，人以衣食为本，凡

---

[1] 《贞观政要·崇儒学》。
[2] 《全唐文》卷十。
[3] 《贞观政要·政体》。
[4] 《贞观政要·教戒太子诸王》。

营衣食，不以失时为本。夫不失时者，在人君简静乃可耳。若兵戈屡动，土木不息而欲不夺农时，其可得乎？"[1]因此，在这一思想的指导下，他推行了一些与民休息，减免人民赋税的政策，大大减轻了人民的负担，有力推动了整个社会从战乱的衰败状态中复苏和繁荣。

3. 立法宽简，恤刑慎杀

唐太宗李世民在推行仁政的同时，针对法律的问题，他提出要修改法律，做到立法宽平，对待老百姓做到以刑罚慎重。唐初李渊制定了《武德律》，对于前朝烦苛刑法条文进行删减。太宗即位后，就是否进一步宽简法律条文的问题上，以尚书右仆射封德彝为首的大臣主张严刑峻法，而为魏征为代表的部分臣僚则认为以宽仁作为刑法制定依据，唐太重采纳魏征的意见，着手进行法律的进一步修订。唐太宗曾说，"国家法令，惟须简约，不可一罪作数种条。格式既多，官人不能尽记，更生奸诈，若欲出罪即引轻条，若欲入罪即引重条。数变法者，实不益道理，宜令审细，毋使互文。"[2]本着这一原则，贞观年间修订的律典进一步实现了削繁就简，降低了刑罚的严酷度。在唐太宗统治期间不仅是在立法上采取宽松政策，而且在司法上贯彻慎刑原则。他曾经告诫司法官吏说，"夫作甲者欲其坚，恐人之伤；作箭者欲其锐，恐人不伤。何则？各有司存，利在称职故也。朕常问法官刑罚轻重，每称法网宽于往代。仍恐主狱之司，利在杀人。危人自达，以钓身价，今之所忧，正在此耳！深宜禁止，务在宽平。"[3]为此，他推行了一系列措施确保刑罚的慎重与司法的宽平。首先，他针对死刑复核权，要求所有死刑

----

[1]《贞观政要·务农》。

[2]《贞观政要·赦令》。

[3]《贞观政要·刑法》。

案件必须经过五复奏,以减少错杀冤案发生。其次,他反对严讯逼供,贞观四年,他下令禁止对嫌犯鞭背,反对刑讯逼供,"凡理狱之情,必本所犯之事以为主,不严讯,不旁求,不贵多端,以见聪明,故律正其举劾之法,参伍其辞,所以求实也,非所以饰实也。"[1]

4. 带头守法,严惩贪墨

唐太宗不仅重视在法律上推行慎刑慎杀的仁政,而且作为统治者带头遵守其制定的法律,虚心听取臣下的谏议,为法律的贯彻执行作出了表率。贞观九年,岷州督邮高甑生诬告著名的军事将领李靖"谋反",根据唐律诬告反坐,应当判处死刑,一些官员因高甑生曾经为太原府功臣,请求唐太宗法外开恩,对于高甑生宽大处理。唐太宗说:"虽是藩邸旧劳,诚不可忘。然理国守法,事须画一,今若赦之,使开侥幸之路。且国家建义太原,元从及征战有功者甚众,若甑生获免,谁不觊觎?"最终对其依法处理。正是在唐太宗的带领示范下,整个朝廷上下执法公平,政治清明。同时唐太宗十分重视惩治贪官污吏,他充分认识到隋末农民起义大多数是对于贪官污吏欺上瞒下、鱼肉百姓的一种反抗,因此,他严格要求各级官员廉洁奉公,"见金钱财帛不惧刑网,径即受纳,乃是不惜性命……群臣若能备尽忠直,益国利人,则官爵立至。皆不能以此道求荣,遂妄受财物,赃贿既露,其身亦殒,实为可笑。"[2]因此,在他执政期间,对于贪官污吏,凡是查证确实,均不赦免,处以重罚。

(三) 韩愈法律思想简述

韩愈(公元 768~公元 824 年),字退之,号昌黎。唐代著名思想家。邓州南阳(今河南南阳)人,历任四门博士、监察

---

[1]《贞观政要·公平》。
[2]《贞观政要·贪鄙》。

御史、吏部侍郎等官职。他生活在中晚唐，对于安史之乱以后的整个唐朝的社会政治形势感受真切，提出了排佛尊儒的思想，对儒家思想的进一步发展作出了贡献。从法律思想方面，其思想主要是：

1. 崇仁义，存道统

唐代，儒学一度复兴，但是儒学和道教、佛教之间的学说体系之争论仍然存在。特别是唐朝中期以后，随着社会矛盾日益加剧，佛教信仰一度兴起，上至天子，下至庶民，都将国家安宁与生活幸福的希望寄托在宗教信仰上，公元819年，唐宪宗为求佛陀保佑，派人将法门寺佛骨迎入宫中供奉，以祈福消灾。韩愈得知皇帝这一举动后，立即上《论佛骨表》进行驳斥，他认为佛教的传播导致"百姓焚顶烧纸，百十为群，解衣散钱，自朝至暮，转相仿效，惟恐后时，老少奔波，弃其业次。若不即加禁遏，更历诸寺，必有断臂腐身，以为供养者。伤风败俗，传笑四方，非细事也。"韩愈不仅反对佛教信仰的大肆泛滥，同时，他站在维护儒家正统的立场上，提出推崇仁义，维护儒家自古传承下来的道统。他从维护儒家价值观的角度提出要继承儒家道统，"其文，《诗》、《书》、《易》、《春秋》；其法，礼、乐、刑、政；其民，士、农、工、贾；其位，君臣、父子、师友、宾主、昆弟、夫妇；其服，麻丝；其居，宫室；其食，粟米、果蔬、鱼肉；其为道易明，而其为教易行也！是故以之为己，则顺而祥；以之为人，则爱而公；以之为心，则和而平；以之为天下国家，无所处而不当！"韩愈对于社会上佛教与道教与儒学争道统的现象给予驳斥，他指出"老者曰：'孔子吾师之弟子也。'佛者曰：'孔子吾师之弟子也。'为孔子者，习闻其说，乐其诞而自小也，亦曰：'吾师亦尝云尔。'不惟举之于其口，而又笔之于其书。"韩愈鉴于儒家道统在当代的陵替，提出

"斯道也，何道也？曰：斯吾所谓道也，非向所谓老与佛之道也，尧以是传之于舜，舜以是传之禹，禹以是传之于汤，汤以是传之文、武、周公，文、武、周公传之孔子，孔子传之孟轲，轲死，不得其传焉！"儒家道统就是崇尚仁义，"博爱之谓仁，行而宜之之谓义，由是而之焉之谓道，足乎己无待于外之谓德。仁与义为定名，道与德为虚位。"他认为佛教和道教恰恰是抛弃了仁义，它们虽然也讲道德，但是没有仁义的精神，佛教排气君臣、父子之伦理纲常，而且佛教与道教本身不事稼穑，不增加社会生产，反而加重了老百姓的经济负担，因此，他极力推崇儒家道统，主张遏制佛道宗教的大规模传播。

2. 性三品与"天刑"说

韩愈推崇圣人制礼作乐的观点，认为圣人具有天生的"善"性，下层人民具有天生的"恶"性，圣人的出现是为了"害至而为之备，患生而为之防"，正是有了作为君亲师的圣人的呵护和关爱，人类才得以保全。就韩愈而言，这种理论的基础就是人性的善恶等差与优劣之别，即他所说的"性三品"。"性之品有上、中、下三：上焉者，善焉而已矣；中焉者，可导而上下也；下焉者，恶焉而已矣。"性是人与生俱来的，而情则是以性为基础，"性也者，与生俱生也；情也者，接于物而生也。性之品有三，而其所以为性者五；情之品有三，而其所以为情者七。"[1]性的具体内容是"仁、礼、信、义、智"，情的具体内容是"喜、怒、哀、惧、爱、恶、欲"，即"七情"。根据韩愈提出的"性三品"说，他进一步提出天命与天刑观。所谓天命，"其哀之命也，其不哀之命也，知其在命而且鸣号之者，亦命也。"[2]即他认为人的命运是由天定的，人的贵贱等级与祸福

---

[1]《韩昌黎全集·原性》。
[2]《韩昌黎全集·应科目时与人书》。

荣辱都不能由自己决定,"贤不肖存乎己,贵与贱、祸与福存乎天,名声之善恶存乎人。"[1]同时韩愈根据天人关系与性三品学说提出了天刑观。"其为祸元气阴阳也,不甚于虫之所为乎?吾意有能残斯人使日薄月削,祸元气阴阳者滋少,是则有功于天地者也;繁而息之者,天地之仇也。今夫人举不能知天,故为是呼且怨也。吾意天闻其呼且怨,则有功者受赏必大矣,其祸焉者受罚亦大矣。"[2]在他看来天以阴阳对人间秩序进行规制,天有威,有赏罚能力,谁违背天命就必然要遭到天的惩罚。

3. 礼乐政刑兼而用

韩愈在礼法关系上基本上继承了荀子关于礼法并用、隆礼重法的思想,主张礼乐政刑并用。他主张"以德礼为先,而辅之以政刑"。"道莫大乎仁义,教莫正乎礼乐刑政,施之于天下,万物得其宜,措之于其躬,体安而气平。"[3]他认为礼是"次先后",乐是"宣其湮郁",通过政来管理人民,以免其懈怠,制定刑罚是为了"锄其强梗"。"是故君者出令者也,臣者行君之令而致之民者也,民者出粟米麻丝、作器皿、通货财以事其上者也。君不出令,则失其所以为君;臣不行君之令而致之民,则失其所以为臣;民不出粟米、麻丝、作器皿、通货财以事其上,则诛。"即在礼的原则的指导下,坚持礼法并用。在如何处理现实生活中的法律与道德冲突问题,他坚持优先考虑儒家纲常伦理原则。比如在复仇问题上,唐代围绕复仇是否免罪的问题一直争论不休,公元811年围绕梁悦为父报仇案件,韩愈上书唐宪宗,说"最宜详于律,而律无其条,非阙文也。盖以为不许复仇则伤孝子之心,而乖先王之训;许复仇,则人将倚法

---

[1]《韩昌黎全集·与卫中行书》。
[2]《柳宗元集·天说》。
[3]《韩昌黎全集·送浮屠文畅师序》。

专杀，无以禁止其端矣。夫律虽本于圣人，然执而行之者有司也；经之所明者，制有司者也。丁宁其义于经而深没其文于律者，其意将使法吏一断于法，而经术之士得引经而议也。"〔1〕因此，他主张以礼刑并用来处理诸如复仇等疑难案件。

（四）柳宗元法律思想简述

柳宗元（公元 773～公元 819 年）祖籍河东郡人（山西），出生于官僚地主家庭，祖辈均先后在唐政府中任官。柳宗元 21 岁中进士，后历任秘书省校书郎、礼部员外郎，永贞革新以后，被贬谪到地方任刺史，后病死柳州任上。柳宗元身处唐中晚期，作为进步官僚知识分子，往往对社会黑暗现实不满，不断寻求澄清吏治、挽救日益混乱的时局，复兴儒家的政治理想，改革失败后又蒙贬谪之冤屈，客死他乡，因此，柳宗元的法律思想具有很浓烈的激情和反思精神，对于后世法律思想具有较大影响。

1. 反对天命，否定符瑞

汉代董仲舒用阴阳五行学说改造儒家思想，用天命和阴阳学说为整个统治秩序寻找理论基础。在唐代中晚期，佛教一度盛行，社会各种迷信思想盛行，天命学说进一步找到其生长的土壤。柳宗元针对天命与迷信思想，进行针锋相对的斗争和批驳。他从天地阴阳与五行之基础的物质性出发，对于天命神权与阴阳五行学说的唯心论实质进行驳斥。他说："彼上而玄者，世谓之天；下而黄者，世谓之地；浑然而中处者，世谓之元气；寒而暑者，世谓之阴阳。是虽大，无异果蓏、痈痔、草木也……天地，大果蓏也；元气，大痈痔也；阴阳，大草木也，其乌能赏功而罚祸乎？功者自功，祸者自祸，欲望其赏罚者大

---

〔1〕《韩昌黎全集·复仇状》。

谬。"[1]天地是有其自然规律，不会干预人类社会的兴衰存亡，天人不相预，"生植与灾荒，皆天也；法制与悖乱，皆人也，二之而已。其事各行不相预，而凶丰理乱出焉，究之矣。"柳宗元对于提倡天命神权的董仲舒的观点不屑一顾，指出董仲舒宣扬天命神权的观点为"淫巫瞽史"，对于历史上崇尚福瑞天象的做法给予嘲讽和斥责，比如汉代所吹捧捏造的吉祥神兽，丹书符名以及河图洛书中的天书，他认为完全是欺人之谈，贻害后世。根据对天命观的否定，柳宗元进一步否定了天讨天罚的观点，认为风雨雷电的自然现象与法律制裁是两回事，不存在天地可以采取雷霆等方式处罚人间社会，"或者乃以为：'雪霜者，天之经也；雷霆者，天之权也。非常之罪，不时可以杀，人之权也；当刑者必顺而杀，人之经也。'是又不然。夫雷霆雪霜者，特一气耳，非有心于物者也；圣人有心于物者也。春夏之有雷霆也，或发而震，破巨石，裂大木，木石岂为非常之罪也哉！秋冬之有霜雪也，举草木而残之，草木岂有非常之罪也哉！彼岂有惩于物也哉？彼无所惩，则效之者惑也。"[2]对于董仲舒为代表的汉儒的天子受命于天的天命观，他指出帝王权力并不是来自于神圣的天的旨意，而是受命于民，"是故受命不于天，于其人；休符不于祥，于其仁。惟人之仁，匪祥于天；匪祥于天，兹惟贞符哉！未有丧仁而久者也，未有恃祥而寿者也。"[3]因此，统治者无须另求权力的正统，而是必须以人民作为中心，施行仁政，关系民生，这样才能稳固自己的统治，而不是一味的向天命鬼神祈福消灾，这一观点无疑具有历史进步意义。此外，他主张赏罚及时，不应该按照天命思想来推行

---

[1]《柳宗元集·天说》。
[2]《柳宗元集·断刑论》。
[3]《柳宗元集·贞符》。

司法"时令"规则。他批判统治者执行刑罚的"赏以春夏,刑以秋冬"的原则,认为国家的司法和赏罚,应该以"利于人,备于事"作为原则,赏罚应该及时,不应该非等到一定的季节再去执行,这样的话,必然会导致政事出现拖沓和流弊,这种作法与圣人的出发点相距甚远。

2. 法律起源于势

根据柳宗元的唯物主义的天地观,他认为人类社会也是一个客观的发展过程,同样也是不以人们的意志为转移的,而法律的起源,在他看来,起源于"势"。"彼其初与万物皆生,草木榛榛,鹿豕狉狉,人不能搏噬,而且无毛羽,莫克自奉自为,荀卿有言'必将假物以为用'者也。夫假物者必争,争而不已,必就其能断曲直而听命焉。其智而明者,所伏必众;告之以直而不改,必痛之而后畏;由是君长刑政生焉。故近者聚而为群。群之分,其争必大,大而后有兵有德。又有大者,众群之长又就而听命焉,以安其属,于是有诸侯之列。则其争又有大者焉。德又大者,诸侯之列又就而听命焉,以安其封,于是有方伯、连帅之类。则其争又有大者焉。德又大者,方伯、连帅之类,又就而听命焉,以安其人,然后天下会于一。是故有里胥而后有县大夫,有县大夫而后有诸侯,有诸侯而后有方伯、连帅,有方伯、连帅而后有天子。自天子至于里胥,其德在人者,死必求其嗣而奉之。故封建非圣人之意也,势也。"[1]法律、制度与国家政权的产生,实际上是起源于客观的历史发展力量的"势",封建政权的延续的关键是兵与德,即武力与仁政,封建政权必须施行仁政,而不是暴政,分封制的分邦建国的原则并不是社会稳定与安宁的最根本保证。

---

[1]《柳宗元集·封建论》。

3. 礼法不相预

礼与刑之间的关系，在柳宗元看来礼是整个封建统治的支柱，没有它整个封建统治秩序就会坍塌，但是法也是重要治国工具，他提出在遵守礼仪纲常的前提下，尽量最大限度保证法律被严格遵守，实行法律面前人人平等。针对当时对于复仇问题的反复争论，他提出自己的独到见解。他认为："礼之大本，以防乱也，若曰无为贼虐，凡为子者杀无赦。刑之大本，亦以防乱也，若曰无为贼虐，凡为理者杀无赦。其本则合，其用则异，旌与诛莫得而并焉。诛其可旌，兹谓滥，黩刑甚矣。旌其可诛，兹谓僭，坏礼甚矣。果以是示于天下，传于后代，趋义者不知所以向，避害者不知所以立，以是为典可乎？盖圣人之制，穷理以定赏罚，本情以正褒贬，统于一而已矣。"[1]他认为，礼仪与刑法之间不能都适用于复仇，柳宗元强调要针对案件的情况，以事实为根据，做到合情又合法。在执行法律方面，他主张在法律面前一律平等，不能在法律面前讲特权，他对商鞅以来对于士大夫执刑法，不追求本人，而问责其仆人的做法表示反对，统治者要"申严百刑，斩杀必当"。

4. 任人唯贤反对世袭

唐中期以后，随着地方藩镇权力扩张，俨然成为各自辖区内的独立王国。各藩镇凭借自己的势力范围，在自己王国内推行子孙继承父亲爵位的世袭制度。柳宗元反对任人唯亲，主张要任人为贤，"夫天下之道，理安斯得人者也。使贤者居上，不肖者居下，而后可以理安。今夫封建者，继世而理者，上果贤乎？下果不肖乎？则生人之理乱，未可知也。将欲利其社稷，以一其人之视听，则又有世大夫世食禄邑，以尽其封略。圣贤

---

[1]《柳宗元集·驳复仇议》。

生于其时，亦无以立于天下，封建者为之也。"[1]为此，柳宗元认为天下治理的好坏，关键在于是否任用好的贤才，而藩镇恰恰违背了国家的用人唯贤的根本原则。

第四节 农民起义领袖法律思想

从根本上说农民起义是封建国家土地私有制和土地兼并造成的社会恶劣后果。由于封建国家对于土地所有权的逐步放开，土地愈来愈集中于少数人手中，以皇帝、贵族、大地主、大官僚等统治者利益集团，通过攫取土地、不动产以及从事封建社会特殊垄断行业，获得巨额利益，财富逐渐向少数人集中，绝大多数人日益贫困，整个中下层社会危机四伏，最终农民因为无地或者少地组织起来，向整个封建统治阶级开战。封建国家土地所有制之间的矛盾尖锐，通过农民起义这种暴力反抗，最终在摧毁整个社会统治秩序的情况下，将大片地主、官僚的土地予以瓜分、没收，实现了整个社会的财富重新分配，矛盾得以缓和，但是不能从根本上解决整个社会潜伏的深层危机。虽然农民起义更多地带有农民自发组织的特色，但是为封建社会统治者所戒惧，统治者不得不采取措施限制土地兼并，推行缓和阶级矛盾的仁政措施。所以农民起义同时也为广大农民摆脱封建统治压迫，指明了光辉道路。农民起义的经验和教训，是封建社会被受压迫剥削阶级的宝贵精神财富，有力启迪了后来的反抗者的反对整个封建制度的斗争。

隋唐时期，出现了较大规模农民起义，一批农民起义领袖在反抗封建君主的斗争中，形成了他们独特的政治法律思想。

---

[1]《柳宗元集·封建论》。

隋末，著名的瓦岗寨起义集团在以翟让、李密为首的起义军首领的带领下，先后历时八年，坚持斗争，有力打击了隋朝暴政。唐末，以王仙芝、黄巢为首的反抗唐朝腐朽统治的农民大起义，自公元875年，王仙芝在长垣（今河南长垣东北）率数千人起义，到公元884年，黄巢退至狼虎谷（今山东莱芜西南），兵败自杀，起义失败，前后历时九年，转战十余省，瓦解了唐王朝的黑暗统治，进一步摧垮了魏晋以来的腐朽的门阀士族势力。

农民起义的领袖是农民阶级的杰出代表，是反抗封建国家压迫的农民代表，其法律、政治思想对于研究中国社会历史发展规律具有重要的理论和现实意义。以往对于农民阶级的法律思想研究相对薄弱，往往受到某种僵化意识形态的影响，对农民阶级法律思想的内涵与外延认识不够，导致了很多教材基本不曾提及，有的就是轻描淡写、一笔带过。对于隋唐农民起义领袖的法律思想，这里以唐末黄巢为例进行阐述。

一、反对贪腐，追求政治清明

唐末农民起义中，以王仙芝和黄巢为代表的起义军直接针对的是整个李唐王朝的官员腐败和政治黑暗。唐中期以后，大多是一些傀儡皇帝上台，朝政把持在外戚宦官等利益集团手中。唐王朝在建国初期的皇帝纳谏、仁政立国的政治措施不复存在，朋党斗争，大地主和大贵族组成利益集团相勾结，整个朝政黑暗，激起了处于水生火热之中的下层人民的愤慨。黄巢本身就是一个下层农民出生，曾屡次参加科举考试均失败，后来冒杀头危险贩卖私盐。他耳闻目睹朝廷上下无官不贪，各级官吏欺压百姓，苛捐杂税造成农民纷纷破产，沦为流民。起义军把矛盾直接对准了整个唐王朝的腐败政治统治，要求建立一个更加清明的代表农民利益的政权。黄巢带领起义军进入长安后，继续打击封建统治者,他们"尤憎官吏,得者皆杀之"〔1〕,所以后来韦庄在《秦妇吟》这首诗中,曾经发出了"天街踏尽公卿骨"、"甲第朱门无一半"的哀叹。此外,黄巢在即位称帝前夕杀尽了李唐王朝在长安的宗室。起义军还焚烧了唐朝的宗庙,毁掉了唐朝皇帝的祖坟,打破了封建皇帝的宗庙陵寝神圣不可侵犯的迷信。大规模的农民起义,革命的怒火直指政治的腐败,建立起来的大齐政权实际上是为了建立一种从根本上代表农民利益的政权,是消除腐败的探索,但最终以失败告终。

二、均平财富,追求经济平等

王仙芝、黄巢起义过程中,明确地提出了平均财富的革命要求,这是中国农民起义的历史创举。王仙芝在起义时,就痛斥了唐朝"吏贪沓、赋重、赏罚不平"等罪行,并提出了"平均"的口号,强烈反对贫富悬殊,要求财产平均。在农民起义过程中,义军在打杀和驱赶贪官污吏、地主豪富的同时,就没收了他们的财产,并且不许他们再剥削人民。大齐政权建立后"改元罗平,铸印曰天平"。如果从后来人所熟知的大起义领袖王仙芝称"天补均平大将军,黄巢称"冲天太保均平大将军",使用的年号和印号都带以"平"字并不是偶然的,体现农民起义军追求经济上的"平均"目标〔2〕。公元 879 年,起义军在攻占广州后,黄巢曾发布文告:"禁刺史殖财产,县令犯赃者族!"〔3〕随着革命形势的日益高涨,起义军占领洛阳后,官僚地主们狼狈逃窜,他们埋藏在地下的金银财帛,纷纷被起义军

---

〔1〕 《资治通鉴》卷二百五十四。

〔2〕 吴雁南:"试论隋末农民起义和唐末农民起义的特点",载《史学月刊》1959 年第 11 期。

〔3〕 《新唐书·黄巢传》。

掘出没收。起义军把长安城里的官僚、地主、豪商等富人逮捕捆绑起来，并用鞭子狠狠抽打，勒令他们交出全部财产，长安豪富们因此纷纷破产，以前的剥削者最终沦为穷光蛋。起义军在没收贵族官僚财产的同时，又把剥夺得来的财物分送给广大贫苦人民。公元879年1月，起义军在占领福州后，曾以极其简单朴素的方式，实施着他们的"平均"纲领。如起义军到罗源（今福建罗源）时，将亿万钱财送给当地人民群众，后来罗源县就有一座山被称为"留钱山"[1]。起义军在进入长安时，也沿途将金银财帛分送给穷苦百姓。此外，公元878年秋，起义军南征经过浙江天目山，起义军曾给交通不便的山区百姓运去大批食盐，农民深受感动，踊跃参军，起义军的队伍迅速。唐代诗人韦庄在《秦妇吟》中写到，洛阳附近有一个地主，"岁种良田二百崖，年输户税三十万"，在起义军的打击后，田产家财全部丧失，"家财既尽骨肉离"。通过农民起义轰轰烈烈的战火，将豪强地主的土地分给无地少地的农民，使唐朝腐朽的地主阶级受到前所未有的打击，在客观上实现了一定程度的财富的平均和土地的分散化和均等化。虽然农民起义军最后失败了，但是经过全国的农民起义的沉重打击，很多家累千金、田连阡陌的豪强地主与大官僚通过强取豪夺聚敛的财富被分配给众多贫困农民，大士族家族因此解体，从经济上有利于土地所有权关系的调整和整个社会结构的转型。

三、追求破旧，但乏立新

唐末农民起义的目标十分明确，就是推翻整个封建政权，建立一个崭新的社会和新的国家政治体制。公元881年1月16

---

[1]《新唐书·黄巢传》。

日，黄巢率领起义军占领长安之后不久，即位称皇帝，定国号为"大齐"，改元为"金统"，并领布大赦令，建立了正式的国家政权机构。但是整个政权机构的设置和被打倒的君主制极其相似，如设置有太尉、中书令、侍中、中书侍郎、同平章事、左右仆射、左右军中尉、枢密使、翰林学士、御史中丞、谏议大夫、尚书、检校左仆射、右散骑常侍、京兆尹、军库使、诸卫大将军、侍卫军使、供奉官等官职。新政权颁布过一些法令：如宣布"唐官三品以上悉停任，四品以下位如故"。[1]"下令军中禁妄杀人，悉输兵于官"。[2]虽然这个政权号称是为了实现社会均平，解放中下层劳苦大众，但是在农民起义摧毁了整个封建国家的官僚机器后，基本上按照过去的君主专制政权进行了政治体制的翻版，有破无立。即一个崭新的农民政权应该如何建立，在国家土地所有制度以及政治权力的分配上，基本上没有作出制度性探索，没有提出一套有效地维护农民土地制度的法律法令，没有就如何通过法律措施防止封建国家土地兼并与权力腐败的有效方案。所以从这个方面来看，农民起义的最终结局当然是可以预料，唐末农民起义带给后世的最大的教训也许就在这里，其实在历代的农民革命政权中，最核心的政权体制的建设基本上没有摆脱复辟君主专制制度的宿命。

---

[1]《资治通鉴》卷二百五十四。
[2]《新唐书·黄巢传》。

第四章 宋元明清法律思想

第一节 宋元明清法律思想时代背景

宋元明清时期，从公元 960 年到鸦片战争，前后近 900 年，占整个封建社会近一半时间。自宋代开始，中国封建社会进入一个成熟到僵化的发展阶段。在这一较长时段的历史中，基本上没有出现如魏晋南北朝时期数百年的战乱分裂，也没有出现如春秋战国百家争鸣的生动活泼的文化大迸发。自宋以来，中国传统文化在以儒家一统的总体态势下，日渐显示出老陈、守旧、僵化的倾向。整个民族的活力和血性，在专制制度的日益压迫下，出现了长时间的萎缩，儒家进一步出现了犬儒化和空疏化的没落景象。整个社会的矛盾，农民和地主阶级之间的斗争进一步深化和激烈。自宋代以后，基本上没有隋唐均田的国家对于土地的调控和分配，土地私有制的发展更加加剧了整个社会的矛盾斗争。政治上，君主为了巩固统治，进一步弱化了宰相权力，强化君权至上的专制制度和理念，打击人民的不满和反抗斗争。在文化上，借助科举制，进一步强化以儒家伦理为中心的文化专制，对整个社会实行思想控制和文化控制，维护君主专制政权利益。历史在这九百年时间内并没有走出儒家提出的如何从乱世到升平，从人民生活困苦到社会小康的社会转变，最终在帝国主义的炮舰政策下，走进历史的死胡同。

一、地主私有制的矛盾进一步激化

封建社会生产关系就是地主与农民之间围绕土地所有权的分配形成的社会关系。土地和不动产是封建社会最主要的生产资料和物质财富。官僚地主凭借自身经济和政治地优势地位，不断地剥夺中下农，形成土地高度集中，租佃关系发达的社会生产关系。农民在没有土地保障的情况下，受到地主与封建国家的双重剥削，有的甚至还要面临少数民族政权的盘剥，因此，农民的日益赤贫化不可避免。宋元明清这几个王朝已经基本上不存在关于土地国家所有与私人所有的基本国策的争论，宋代采取的是"不立田制"、"不抑兼并"的土地政策，政府掌握的各种形式的官田只占极少部分，私有土地占有整个土地总数的85%以上。[1]私有财产虽然受到家族法律关系的限制，表现出"家产制"的特殊形态，但是从根本上是一种私有制的表现形式。"东方（亚细亚）特征，表现在均田制中，特别是表现在唐朝均田制中，已经极为减褪了。从'两税法'以后，亚细亚特征已经基本消褪完毕。从此以后，固然不能说，封建国家和封建地主之间就截然没有矛盾了，但土地国有制和土地私有制'谁战胜谁'的斗争的提法已基本上不能与实际相适应。封建国家已经纯乎是封建地主阶级在政治上的代表。"[2]实际上国家的财力主要取决于整个封建国家内的自耕农以上的有产者的租税和赋役，也就是说个体的农民越多、生产情况越好，则整个封建赋税才能保证整个国家机器的顺利运行。一旦土地兼并开

---

[1] 陈景良："何种之私——宋代私有财产保护说略"，载《习史偶得》（内部刊物），中南财经政法大学法律文化研究院编，第1页。

[2] 赵俪生："试论两宋土地关系的特点"，载《吉林师大学报》1979年第1期。

始，全国的自耕农数量必然逐步减少，无地和少地农民必然依附于各类地主，成为佃户。同样以土地私有制为前提，但是封建国家的早期与晚期在所有权分配的比例上却大相径庭，大地主和大官僚贵族田连阡陌，而贫困农民却无立锥之地。我们在宋以后的各个朝代都可以看到，封建王朝晚期面临三重经济危机，首先是全国的赋税总量逐步减少，主要是自耕农所带来的赋税贡献逐步萎缩；其次是国家面临的边关与国防危机使得本来日益局促的封建财政危机加剧，封建王朝被迫选择饮鸩止渴的手段，加派各种摊派苛捐；最后是本来脆弱的农业无法应对历史罕见的自然灾害的侵袭，农民在自然灾害的面前既无封建国家的完善救助制度，同时也得不到地主土地所有者的支援，致使社会生产呈现无法恢复的倒退，农民饥寒交迫，无法生存下去，最终走上反抗整个封建土地所有制的革命道路。宋元明清以来的土地制度实际上是给农民起义以更多的空间和可能，自身不得不陷入制度缺失所带来的历史性灾难循环。两宋时期连绵不断的农民起义成为宋朝衰退的重要原因，元末、明末、清末都发生历史上一次比一次更大规模的农民起义和战争，封建王朝在血与火的洗礼中再次复活与重建，但是最终因为没有解决土地所有制的症结而难逃历史的宿命的惩罚。

二、专制政治的权力自我导控失调

自宋以来，中央集权的君主专制制度本身伴随着体制的定型与僵化，进一步向专制独裁体制迈进。封建政治体制在宋代已有走入一个怪圈，即随着中央集权的君主权力的扩张，伴随的却是无法遏制的整个封建官僚机器的腐败和效率低下，这种现象即杜赞奇认为的权力的内卷化。杜赞奇分析了华北农村的政治权力运行情况，国家试图将地方政权官僚化、正规化，欲把国家政权向基层乡村延伸和加强，基层警察及学堂建立起来。然而，地方机构膨胀，雇员增加，而资金有限，迫使基层吏役额外勒索，不得不巧立名目自筹款项，提高附加税率，以村庄为单位的向农民乱摊派，农村不堪忍受，县政府与地方精英为摊款多少往往争论不休。国家财政每增加一分，都伴随着非正式机构收入的增加，而国家对这些机构缺乏控制。换句话说，"内卷化"的国家政权无能力建立有效的官僚机构，从而取缔非正式机构的贪污中饱，后者正是国家政权对乡村社会增加榨取的工具。"内卷化"是指一种社会或文化模式在某一发展阶段达到一种确定的形式后，便停滞不前或无法转化为另一种高级模式的现象。国家政权内卷化是指国家机构不是靠提高旧有的或新增机构的效益，而是靠复制或扩大旧有的国家与社会关系——如中国旧有的赢利性经纪体制——来扩大其行政职能。[1]这种内卷化同样也适用于自宋代以来的封建专制体制。宋以来的封建国家在加强君主专制政治体制方面采取了一系列措施：

1. 弱化相权，强化兵权

宋代以来在中央政治机构的设置上，出现了一个重大的转变，就是不断弱化宰相行政机构的权力，将行政立法权力进一步集中于君主，实现权独制于君。南宋思想家叶适认为宋代至少北宋前期的情况是："天下无女宠、无宦官、无外戚、无权臣、无奸臣，随其萌蘖，寻即除治。"[2]淳熙年间，参知政事龚茂良指出："汉、唐之乱，或以母后专制，或以权臣擅命，或以诸侯强大、藩镇跋扈，本朝皆无此等。"[3]在他们看来，宋代不

---

[1] 参见杜赞奇：《文化、权力与国家》，江苏人民出版社1996年版。
[2] 《历代名臣奏议》卷五十四。
[3] 《宋史全文》卷二十六。

仅无藩镇割据,而且皇权既未旁落于其亲属、亲信之手,又没有出现王莽、曹操这类危及皇位的权臣。或者正是依据这些,日本学者宫崎市定将宋代视为"看不见篡夺"的时代。他说:"强有力的贵族一旦压倒皇室,就要发生篡夺。篡夺是中世政治史的一个特征";"宋以后,便看不见篡夺了,天子的地位非常稳定"[1]。天子实现了权力独制,最根本的原因是宋以后的君主不断了削弱相权,集中兵权,实现了过去残暴君主所梦想的无上的威权。宋代,虽然宰相和君主权力并没有达到明显倾斜于皇权的方向,但是,君主的权力在各种程度上都有增无减。宋太祖通过"杯酒释兵权",剥夺了统兵大将的军事指挥权,削弱地方军事力量,代之以由国家财政供养的规模庞大的禁军。明代在宋代基础上进一步强化君主的各项政治权力。首先是废丞相,设内阁,明洪武十三年(公元 1380 年),明太祖朱元璋查办胡惟庸案借机废除丞相制度和三省宰相制,并于洪武二十八年,告谕:"国家罢丞相……其毋得议置丞相。臣下有奏请设立者,论以极刑。"[2]从此将秦汉以来推行一千余年的宰相制度废除,同时设立完全听命于皇帝的内阁,内阁大学士无实权,完全是听命于皇帝的傀儡,内阁大学士"不得平章国事",不置僚属,同时也没有印信和衙门办事机构,其职权仅仅是按照皇帝的命令办理文牍事务。清代,在明朝内阁制度的基础上,设立内阁,由大学士充任内阁成员。但是清朝的内阁大学士,较明朝权力进一步削弱,只不过是皇帝的随从,主要负责票拟皇帝发布的诏书和上谕,"阁臣不得与闻,天子有诏则面授阁臣,退而具草以进,曰可,乃下。"[3]清雍正时期,设置办理军事

---

[1] "宋元的经济状况",载《世界文化大系》第 12 卷。
[2] 《明史·职官志》。
[3] 《内阁小志·序》。

政务的军机处,军机处的设立,将内阁与六部对于重要事项的决定权收归皇帝直接掌握的军机处。军机处可以借助军事机密事项绕过内阁六部,直接将皇帝旨意下达给地方督抚,是为"廷寄",通过这样一种特殊的行政管理方式,使得皇帝的处断权限大为扩张,内阁六部的权力大大被削弱,内阁大学士以及掌握政事封驳权的通政使成为听命于皇帝的可有可无的职能部门。

2. 设立特务机构,实行恐怖统治

宋元以来专制皇权得到进一步加强,最明显的特征就是广泛设立特务机构,对于人民实行特务统治。特别是明朝,借助于厂卫特务机构,建立起一套专门刺探、监视官员和百姓特务管理体系,为历史上所罕见。特务机构的设置起源于曹魏的"校事"和北魏的"侯官",[1]明朝洪武十五年(1382),明太祖特设了一个组织严密的军事特务机构——锦衣卫。锦衣卫设有监狱和法庭,只对皇帝负责,由皇帝直接指挥和调遣。锦衣卫在设立初期,逮捕了不少贪官污吏,但是后来便逐渐演变成专制皇权的附属品。明成祖朱棣夺取政权后,为了稳固统治,永乐十八年八月,设东厂,"命中官刺事"。朱棣以厂统卫,以宦官为头目,以卫兵为羽翼,"杀人至惨,而不丽于法","屡兴大狱,冤号遍道路"[2]。后来,在成化十三年,"妖狐夜出,人心惊惶,感劳圣虑,添设两厂"[3]。至此,明代设立锦衣卫、东厂、西厂长和内行厂等多套特务机构,形成较为完备的服务于皇帝专权的特务侦探与搜捕、刑讯体系。明代特务统治大多

---

[1] 孙志江:"明代特务制度屡被强化的历史原因",载《兰台世界》2010年第23期。

[2] 《明史·成祖本纪》。

[3] 《明史·刑法志》。

以宦官作为特务首领，造成了明代中后期宦官专权，厂卫特务机构成为专权者排斥异己、把持朝政，对人民实行特务恐怖统治的工具。清朝雍正年间，为了加强对于当朝官员与人民言行的监督，为了巩固专制统治，在内务府之下设立了"粘杆处"机关。"粘杆处"的头子名"粘杆侍卫"，是由有功勋的大特务担任的。他们大多是清世宗藩邸旧人，官居高位，权势很大。粘杆处的一般成员由小特务充任。明清时期封建专制日益僵化，对各级官员与人民群众的特务统治也正反映了这种历史趋势。

3. 干涉司法审判，扩张君主权限

宋以来，对于司法审判权的干预也体现了皇权的扩张集中。随着君主独裁权力的扩大，对于较为重大刑事案件，君主均要从案件的查办、上报到案件的最终处理予以干涉，将大案要案的司法权收归君主一人掌握。北宋建隆三年，宋太祖下诏，"郡国断大辟，录案朱书格律断词、收禁月日、官典姓名以闻，取旨行之。"[1]皇帝控制司法审判主要通过以下方式实现：一是皇帝直接下圣旨办理诏狱。宋代以来，皇帝可以采取诏狱的形式，直接派出特派官员办理重要刑事案件，不受司法机关节制和干预，办理结果直接交由皇帝裁断。两宋时期，皇帝屡兴诏狱，或者成为体现皇帝权威的典型，或者成为朝廷党争打击对手的工具，甚至成为奸佞诬陷忠良的手段，比如宋代秦桧即通过此种形式，诬陷民族英雄岳飞，使其以莫须有的罪名被杀害。明朝皇帝诏狱称为奉旨推问案件，由皇帝将案件交由三法司和锦衣卫北镇抚司办理。二是由皇帝核准死刑案件。宋元在隋唐的基础上，将死刑复核权统一收归中央。宋太祖下诏："令诸州自今决大辟讫，录案闻奏，付刑部详复之。"[2]皇帝可以根据

---

[1] （宋）王栐：《燕翼诒谋录》卷三。
[2] （宋）李焘：《续资治通鉴长编》卷三。

自己的意见决定案件当事人是否被判处死刑，体现了皇权对于司法的专断。三是皇帝亲自办理狱讼事务。宋元明清诸朝代，皇帝都积极参加各类刑事案件的办理，为了体现其亲民形象，经常下监狱审查囚犯，对于司法机关办理的案件，有权直接予以处断。史载宋太宗"常躬听断，在京狱有疑者，多临决之，每能烛见隐微。"[1]明清两代皇帝一般不再亲录囚徒，而代之以会官审录制度。明代每五年命司礼太监会同三法司堂上官，于大理寺审录囚徒，称为大审。遇有重大案件，由"三法司"会审。由御史、大理寺官员和刑部官员共同审理，谓"小三法司会审"；由都御史、大理寺卿和刑部尚书共同审理，谓"大三法司会审"；会审后送皇帝裁决。如遇特别重大案件，则由三法司会同吏、户、礼、兵、工各部尚书及通政使共同审理，即"九卿会审"，是中央最高级别的审判，但判决结果仍须奏请皇帝核准。清朝延续了明朝的会审制度，均体现了皇帝的最高处断权。四是皇帝可以发布特赦令，将在押罪犯免罪释放。宋元明清时期，皇帝为了向天下百姓体现其以仁义治理国家，将皇帝的恩典借助于赦免刑事犯罪体现。宋代每三年遇郊祀大典，都要发布特赦令。宋徽宗在位二十五年，共计大赦天下二十六次，刑罚的公平性在皇帝的赦免恩典下几乎丧失。

4. 恢复肉刑，严惩反逆犯罪

宋代刑罚在唐代五刑制的基础上有恢复肉刑和耻辱刑的倾向。宋代实行的主要酷刑有凌迟、刺配和决重杖一顿处死等。凌迟[2]即千刀万剐。宋代凌迟是沿用五代，并以法律固定下来，宋太宗太平兴国二年（公元977年），吴舜卿因杀害平民八

---

[1]《宋史·刑法志一》。

[2] 根据《读律佩觽》，"其法乃寸而碟之，必致体无残胔，然后为之割其势，女则幽其闭，出其脏腑，以毕其命"，凌迟是一种极其残暴的刑罚。

人，被处以"先折其两足，然后斩之"[1]的刑罚，以后统治者经常将此运用于极其严重罪行。刺配在宋代是"决杖、刺面、流配"三种刑罚合一的刑种，宋代刺配刑罚运用广泛，导致"科禁浸密，刺配日增"；"配法既多，犯者自众，黥隶之人，所至充斥。"[2]决重杖一顿处死这种刑罚，起源于唐中后期，《宋刑统》沿用。"唐建中三年八月二十七日敕节文：其十恶中，恶逆以上四等罪，请准律用刑，其应合处绞、斩刑，自今以后，并决重杖一顿处死，以代极法。"[3]明代肉刑更加泛滥。明太祖朱元璋在位时期，颁布一系列刑事特别法，冠之以《大诰》，将一些早已废止的肉刑加以大肆恢复，"《明律》恢复或者使用了大辟、凌迟、枭首、刺字、阉割、枷号等酷刑，而《大诰》又在此基础上扩大了这些酷刑的使用范围"[4]。为了加大对于官员贪污腐败的打击力度，《大诰》规定了断手、剁指、挑筋等新的种类的肉刑。清代在五刑之外，继续保留残酷的凌迟、枭首、戮尸等刑罚。

三、文化领域的专制控制进一步强化

宋元以来，封建专制君主为了进一步强化集权，对思想文化领域的专制控制进一步加强。从言论、出版、会社等多个方面，加强思想控制和文化专制，对老百姓实行愚民政策，有力维护专制统治秩序。这些文化专制措施主要体现在科举考试、文字狱、审查书刊出版与严禁结社等。宋元以来的科举考试是封建统治者推行文化专制的重要措施。科举考试在宋元明清以

---

[1] （宋）李焘：《续资治通鉴长编》卷十八。
[2] （宋）马端临：《文献通考》卷一百六十八。
[3] 《宋刑统·名例律》。
[4] 怀效锋：《明清法制初探》，法律出版社1998年版，第256页。

后逐步僵化和程式化，其中一个重要原因是政府对于科举考试形式与内容的专制化要求。明清时期，科举考试进一步强化对于读书人思想的钳制。明太祖开始命令科举考试专门考察四书五经的内容，考生对于儒学的观点只能以程朱理学对于经义解释为准，不允许其阐发个人观点。明宪宗时期，创设了"八股"格式，对于科举考试的答题格式，要求逐段对偶、堆砌雕琢，只追求官方规定的形式，通过科举考试，极大强化了读书人的奴性意识，"八股之害，等于焚书，而败坏人材，有甚于咸阳之郊所坑者但四百六十余人也。"[1]清代延续了明朝八股科举考试模式，进一步采取对于知识分子的牢笼政策，极大戕害了独立自由思想和整个文化创新的活力。在文化专制的另外一个方面是推行文字狱。文字狱自宋代以来愈演愈烈，特别是明清时期，专制君主通过文字狱，打击一批敢于独立思想的知识分子，通过制造文字狱大案和冤案，打击人民群众的言论自由和思想自由，为整个君主专制制度提供舆论支持。明太祖为加强统治，先后借故大兴刑罚，对于儒家知识分子若干文章断章取义，加以深文，追加刑罚，先后诛杀儒学士人数十人，造成了一系列悲剧。[2]清代由于是少数民族入主中原，为了打击汉族知识分子的反满抗清意识，蓄意制造了一大批骇人听闻的文字狱大案，造成了清代士人闻文字狱色变，极大摧残了广大知识分子的思想，达到了维护满清专制政权独裁的目的。清朝的文字狱，比较集中于康熙、雍正、乾隆三朝，而且各朝的文字狱也有一些不同的特点，现分述于下：康熙朝最著名的文字狱首推"明史狱"。据清代史学家全祖望记载，浙江乌程县（今湖州市）庄廷龙花千金购买了明朝大学士朱国桢的一部《明史》遗稿，加以

---

[1] 顾炎武：《日知录》卷十六。
[2] 陈学霖："明代文字狱考疑"，载《明史研究论丛》1991年第2期。

整编增补，予以刊行。遭人告发后，清朝统治者抓住"明史案"大作文章，父亲庄允诚被逮京打死，庄廷龙掘墓戮尸，家庭成员中 16 岁以上男子皆斩，妻女发配边远地区。该案牵连致死者达 70 余人，发配边远州县达数百人。此案开了清代利用文字狱陷害他人的恶劣风气之先河。康熙、雍正、乾隆三朝大肆利用文字狱加强君主专制，将文化专制推向极端，先后发生文字狱案数十起，造成了思想钳制的恐怖氛围，极大扼杀了清朝知识分子的思想空间，很多读书人出于政治忌讳，转而研究与政治无涉的考据之学，导致清朝学术三百年思想流于空疏的考据，"宁遁而治经，不敢治史，略有治史者，亦以汉学家治经之法治之，务与政治理论相隔绝。故清一代经学大昌，而政治之学尽废，政治学废而世变谁复支持，此雍、乾之盛而败象生焉者二也。"[1]

四、民族矛盾加剧与少数民族入主中原

中国古代文明，是以中原汉族为主体的华夏文明与边疆少数民族对立与融合中发展起来的。宋代边疆少数民族纷纷崛起，不断与宋王朝发生战争与冲突，汉族与少数民族的民族矛盾日益尖锐，始终未能解决。元代蒙古族大举侵略中原地区最后建立少数民族统一全国的政权，明朝赶走了蒙元政权，但是北元继续在大漠以北盘踞，并时刻觊觎中原，多次发生南侵。到了明末，后金崛起东北，并最终蚕食和侵吞明朝版图，最后建立满清王朝。这一时期的民族关系呈现如下特征：

1. 少数民族建立全国统一政权

宋代以来，少数民族的兴起，不断侵略中原，最终建立起

---

[1] 孟森：《明清史讲义》（下册），中华书局 1981 年版，第 558 页。

统一的全国政权,这在历史上尚属首次。从商周以来,边疆少数民族,对中原的侵略,更多是掠夺资源和财富,获取经济利益,而宋代以来,虎视眈眈的北方少数民族时刻觊觎入主中原建立对全国的统治,在辽、金与蒙古等少数民族的不断侵扰和打击下,宋王朝在北方游牧民族的铁蹄下灭亡,蒙古最终通过武力建立了全国统一政权。这种示范效应直接导致了后金时期满清入主中原,建立一个维护满族旗人的全国统治政权的企图和野心。少数民族长期以来潜伏边疆,并没有实力统治整个华夏,但宋代以来,随着专制君主权力的逐步增强,整个中央政权逐步丧失了对抗少数民族侵略的实力和决心,无法从根本上应对和解决民族侵略带来的危机和矛盾,其必然的结局是统治者对内丧失民心,对外屈膝投降,最终走向灭亡,给整个华夏文明带来沉重打击。

2. 亡国与亡天下成为历史命题

少数民族对中原的侵略,导致了历史上少有的"天下兴亡"的历史课题真正得以呈现。汉代以来,中央政权通过强大的实力对于少数民族侵略予以坚决回击,从根本上保证了整个中原文明的稳定,从心理上断绝了少数民族政权吞并天下的企图。而宋代以来,随着少数民族的不断壮大和宋政府的软弱无能,少数民族统治者信心倍增,通过侵略战争夺取全国政权。这一阶段,许多士大夫着眼于中原汉族儒家文化兴衰存亡,对少数民族侵略高度警醒,并提出了"亡国"与"亡天下"的命题。所谓"亡国",即改朝换代,汉族文化并没有受到影响;而"亡天下",即整个中原文化被少数民族文化所破坏和取代。这种担心实际上是有一定科学依据的,从后来蒙元、满清建立的统治政权来看,实际上在对整个传统文明的破坏上是前所未有的,正是在满清王朝推行的文字狱和文化专制政策下,中华文明逐步放慢了更新的脚步，逐渐走向衰退，直到面对西方强大的帝国主义侵略而出现中国历史上的大变局。每一次少数民族的侵略并没有给民族融合与整个中华文明的发展带来新的增量，而是加剧了各种社会矛盾，使得华夏文明受到沉重打击。因为少数民族政权往往从本民族的狭隘眼光看待整个中华文明，每一次民族侵略和对于中原汉族知识分子的屠杀，往往直接导致了华夏文明的传统的断裂与破坏，并没有从根本上着手解决不断激化的地主阶级与农民的矛盾斗争，而是充当了地主利益的新代言人，对于农民的反抗予以镇压，推行文化牢笼政策，极大阻碍了整个文化的发展。

3. 民族政权大肆推行民族压迫

少数民族入主中原，通过全国统一政权，推行民族压迫和民族歧视。元朝建国以后，将中华民族按照民族和种族，分为蒙古人、色目人、汉人、南人等不同等级，大肆推行有利于蒙古族和色目民族的有差别的民族政策和社会政策，导致了民族矛盾进一步加剧。蒙古人借助国家政权攫取大量特殊利益，将整个民族的利益建立在对于其他各民族的压迫和剥削上，导致了最终元朝统治者离心离德，被农民起义的炮火轰下台。满清入关以后，将旗人作为整个国家的贵族阶层，不断推行有利于八旗与满族这样一小撮人利益的特权政策，导致了东北边疆开发放缓，辽阔的东北边疆有国无防，最终在鸦片战争后被沙皇俄国侵吞国土100余万平方公里。历史充分证明，少数民族通过武力建立的政权从根本上丧失了政治上和道统上的合法性，最终给整个文明发展带来的是灾难和恶果。

五、丝绸之路断裂与闭关政策的推行

宋元以来，丝绸之路从一度兴盛到最终走向衰落，导致了

中华文明对外交往的步伐放缓，明清以来逐步收紧的对外交往最终使得中华文明在封闭中落后于世界。宋元时期，陆上和海洋丝绸之路曾经迎来一次复兴，从中原通往西域的陆上丝绸之路与从沿海出发的海上丝绸之路，一度贯通并兴盛。但是好景不长，随着明清专制政权的加强，中国逐渐走上闭关锁国道路，与世界文明飞速发展脚步擦肩而过，直到鸦片战争被列强用坚船利炮轰开国门。

第二节 程朱理学家法律思想

宋代以来，中国文化进入成熟时期，主要是以儒家思想的整合和定型为特征。这样一个大背景下，程朱理学应运而生，成为这一时期具有代表性的思潮和运动。周敦颐是理学的先驱，他著《太极图》，提出了独特的太极本体论，将宇宙、社会与人生统一起来，同时他极力主张以"诚"作为道德本体，为"性命之源"和"五常之本"，为理学的思想体系的建立作出了重要的贡献。到了陈颐、陈颢兄弟时期，理学家开始构建起以"理"为本体的唯心主义哲学体系，二程认为，"理"是宇宙万物的本源，他们把宇宙的秩序与人间伦理秩序统一于"理"的框架，儒家所主张的纲常伦理，是"天理"的体现。到了南宋朱熹时期，在继承前人二程、周敦颐、张载等理学家的思想的基础上，进行了思想的整合与系统化，最终形成了宋代理学的完整体系，成为中国儒家文化史上最有代表性的思想里程碑之一。关于程朱理学家法律思想，本书集中于二程和朱熹这样几个代表人物展开阐释。

一、二程法律思想概说

程颢（1032年~1085年），字伯淳，洛阳人，人称明道先生,历任主簿、县令、太子中允等官职,在王安石变法期间,因反对王安石辞官回洛阳。程颐(1033年~1107年),程颢之弟,人称伊川先生。历任秘书省校书郎,崇政殿说书,王安石变法期间被贬。后来讲学于洛阳龙门伊皋书院,直到去世。后人将二程著述合编为:《河南程氏遗书》、《二程外书》。

1. 存天理,灭私欲

二程兄弟继承周敦颐的宇宙本体论思路,将宇宙与社会人生的本体统一为"理",进而提出了"理一分殊"的辩证观。程颐认为:"天下之理一也,涂虽殊而其归则同,虑虽百而其致则一。虽物有万殊,事有万变,统之以一,则无能违也。"[1] 按照这个逻辑起点,实际上所有人世间的最根本的原则和天地宇宙的"理"是一致的,天理是一种永恒的最高原则,不生不灭,"天理云者,这一个道理,更有甚穷已?不为尧存,不为桀亡。人得之者,故大行不加,穷居不损。这上头来,更怎生说得存亡加减?"[2] 天理是先于宇宙万物存在的,普天之下只有这个"天理"。由此,二程建立起一个以"理"为本体的唯心论哲学理论框架。二程理学实际上是对于孔子耻谈的"性与天道"问题的追问,体现了儒学发展的时代特色。从宇宙本体论,二程很自然推演出作为人间秩序的儒家纲常伦理道德同样也是"天理"的分殊或者体现:"父子、君臣,天下之定理,无所逃于天地之间";"为君尽君道,为臣尽臣道,过此则无理"。[3] 陈颐还指出:"父止于慈,子止于孝,君止于仁,臣止于敬,万物庶事莫不各有其所,得其所则安,失其所则悖。圣人所以能

---

[1] (宋)程颢、程颐:《二程集》,中华书局1981年版,第858页。
[2] 《河南程氏遗书》卷二上。
[3] 《河南程氏遗书》卷五。

使天下顺治，非能为物作则也，为止之各于其所而已。"[1]因此，无论是宇宙万物的运行，还是伦理道德的原则，都是天理的流行，都是统一的，是每个人都应该遵循的大道大理。既然天理是不可违背的，那么对于每个人来说，就是要不断地用天理作为标准检验我们的行为。既然天理是不可改变的永恒规律，那为什么人会有善恶、贤愚之分？在二程看来，那是因为人性有两种：一种是天命之性，"自性而行，皆善也。圣人因其善也，则为仁义礼智信义名之，"也就是说，圣人是天生造就的；另一种是"气禀之性"，"气有清浊，禀其清者为贤，禀其浊者为愚"，有自幼而为善，有自幼而恶也。正是由于人性的两重性，因此要去人欲，存天理，"无人欲即皆天理"。人人都应该克服人欲的弱点，以保持天理为己任，否则要受到天理惩罚，所谓"天命有德"，"天讨有罪"。

2. 重力行，拒空言

二程坚持学与用结合，言行一致，把对于儒家经典的学习与实际的人生践履结合起来，程颐指出："若夫真知，未有不能行者。"[2]"学者须是真知，才知得是，便泰然行将去也。"[3]真知不能仅仅从书本的学习中得来，还必须身体力行，将自己所体悟和学习的知识转化为行动。二程反对空疏议论，对于佛教出家出世说予以抨击，指出佛道家不注重力行，是与明理之学的儒学背道而驰的，"彼方外者苟且务静，乃远迹山林之间，盖非明理者也。"[4]二程在洛阳与张载会晤时，程颢主张"才与

---

[1]《周易程氏传》卷四。
[2]（宋）程颢、程颐：《二程集》，中华书局1981年版，第388页。
[3]（宋）程颢、程颐：《二程遗书》，上海古籍出版社2000年版，第236页。
[4]（宋）程颢、程颐：《二程遗书》，上海古籍出版社2000年版，第236、244页。

诚一物，则周天下之治"。[1]游酢说："关中学者躬行之多，与洛人并。推其所自，（明道）先生发之也。"[2]程颐批评训诂之学说："汉之经术安用？只是以章句训诂为事。且如解'尧典'二字，至三万余言，是不知要也……本朝经术最盛，只近二三十年来议论专一，使人更不致思。"[3]弟子吕大临也指出：两汉以来儒生"以章句训诂为能穷遗经，以仪章度数为能尽儒术；使圣人之道玩于腐儒讽诵之余，隐于百姓日用之末；反求诸己，则罔然无碍；施之于天下，则若不可行。"[4]程朱理学在建立起理论体系同时，尽量避免学与行之间的分裂，主张将圣人道理贯穿落实于日常践履之中，这一点是对于汉代以来儒学发展的弊端的正确批判，同时也为整个宋明理学深入到整个社会生活提供了正确的理论指南。

3. 经世济民，因时变革

二程深怀时代使命感和责任感，对于当时宋政府对外割地求和，国内阶级矛盾尖锐，各种社会问题浮现的危机形势深表忧虑，主张治学要以经世为要务，反对沉湎书斋的陈腐学问。"颐究先王之蕴，达当世之务"。"致思力行，非一日之积，有经天纬地之才，有制礼作乐之具。""以言乎学，则博通古今而无一物之不知；以言乎才，则开物成务而无一理之不总。"[5]"先生于书无所不读，于事无所不能。"[6]门人弟子评价二程：关注时势，奋发有为的儒者气象。关注社会现实，积极参与各项社会事务，二程通过他们担任地方官而将这种理念付诸实行，

---

[1]（宋）程颢、程颐：《二程遗书》，上海古籍出版社2000年版，第162页。
[2]（宋）程颢、程颐：《二程遗书》，上海古籍出版社2000年版，第392页。
[3]（宋）程颢、程颐：《二程遗书》，上海古籍出版社2000年版，第283页。
[4]（宋）程颢、程颐：《二程遗书》，上海古籍出版社2000年版，第395页。
[5]（宋）程颢、程颐：《二程遗书》，上海古籍出版社2000年版，第397页。
[6]（宋）程颢、程颐：《二程遗书》，上海古籍出版社2000年版，第405页。

并取得了许多积极成果,受到百姓的赞扬。二程在坚持建立理学体系的过程中,并不反对对于国家制度的改革。程颐年弱冠,对国家政治表现了极大的热情,就上书宋仁宗要求改革,"劝仁宗以王道为心,生灵为念,黜世俗之论,期非常之功,且乞召对,面陈所学。"[1]二程主张国家应因时变法,反对固守不合时宜的成规。程颢在熙宁初给神宗上奏:"或谓:人君举动,不可不慎,易于更张,则为害大矣。臣独以为不然。所谓更张者,顾理所当耳。其动皆稽古质义而行,则为慎莫大焉……愿陛下奋天锡之勇智,体乾刚而独断,霈然不疑,则万世幸甚!"[2]二程认为,圣人制礼作乐都是因地因时的行动,并不是万世不可更改的,这并不违背天理本身的基本原则和规律。程颐批评那种顽固崇拜三代之法的态度说:"必井田,必封建,必肉刑,非圣人之道也。""故善学者,得圣人之意而不取其迹也。迹也者,圣人因一时之利而制之也。"[3]圣人根据当时事理、人情创法,也根据情况变革损益,并没有一成不变的圣人之法,切不可泥古不化。

4. 恤民薄赋,教化为先

二程虽然主张"存天理,去私欲",但是并不是反对一般的人的基本物质需要,主张统治者要保证人民丰衣足食,轻徭薄赋,在此基础上推行礼乐教化,到达儒家所倡导的致中和的和谐社会秩序。因此,二程首先主张要维护广大农民的基本物质生活需要,"《书》曰:'民惟邦本,本固邦宁。'窃惟固本之道,在于安民;安民之道,在于足衣食。今天下民力匮竭,衣食不足,春耕而播,延息以待,一岁之望,便须流亡。以此而

---

[1] (宋)程颢、程颐:《二程集》,中华书局1981年版,第338页。
[2] (宋)程颢、程颐:《二程遗书》,上海古籍出版社2000年版,第452页。
[3] (宋)程颢、程颐:《二程遗书》,上海古籍出版社2000年版,第383页。

言，本未得为固也。"[1]他们认为只有首先让老百姓过上温饱日子，才能防止他们因生活所迫而违法犯罪，"天生蒸民，立之君使司牧之，必制其恒产，使之厚生。"[2]对于人民群众的基本生活需要的满足，并非是满足人欲，而是理所当然的目标。同时，二程认为对于老百姓应该推行轻徭薄赋的政策，统治者应该尽量减少不必要的开支，减轻人民的负担。他们针对北宋中期以来，随着土地兼并带来的贫富分化的严峻形势，主张对于贫苦农民群众要推行轻徭薄赋的政策，调整贫富之间的税收负担，降低贫富差别，"今言当世之务者，必曰所先者：宽赋役也，劝农桑也，实仓廪也，备灾害也。"[3]对于宋朝政府豢养的人数巨大的军队，主张裁汰冗员，精简军队规模，积极抵御北方少数民族的侵略，拒绝输送岁币，同时，鼓励无业游民从事农业生产，增加国家的粮食生产。这些无疑是具有积极意义的正确建议，但是对于已经积习难改的宋王朝已经无法从根本上解决人民群众的经济地位和贫困状况。

在处理刑罚与礼乐关系上，二程坚持德刑并用，以教化为主。"圣王为治，修刑罚以齐众，明教化以善俗。刑罚立则教化行矣，教化行而刑措矣。虽曰尚德而不尚刑，顾岂偏废哉！"[4]二程认为统治者应该推崇教化而不是采用威刑引导人民，教化为政教之本，是天理的运用，是真正达到去除私欲的路径。如果统治者"修其孝悌、忠信，周旋礼乐"，就会"不数年间，学者靡然丕变矣。"[5]"至神之道，莫可名言，惟圣人默契，体其

---

[1]《河南程氏文集·卷五·上仁宗皇帝书》。
[2]《河南程氏文集·卷一·论十事札子》。
[3]《河南程氏文集·卷五·为家君应诏上英宗皇帝书》。
[4]《河南程氏粹言》卷一。
[5]《河南程氏文集·卷五·请修学校尊师儒取士札子》。

妙用，设为政教，故天下之人涵泳其德而不知其功，鼓舞其化而莫测其用，自然仰观而戴服。"[1]

二、朱熹法律思想概说

朱熹（1130年~1200年），字元晦，徽州婺源人。自幼读儒家经典，以圣人为榜样，19岁考中进士，曾任泉州同安主簿、枢密院编修官待次、知南康军、提举两浙东路常平盐茶公事、江西提刑、漳州知府等职。主要著作有：《四书集注》、《诗集传》、《楚辞集注》、《太极图说解》、《西铭解》、《通鉴纲目》等，此外门人收录其言行的《朱子语类》，清代李光地编辑其著述为《朱子大全》。

1. 革尽人欲，复尽天理

朱熹对于自周敦颐、张载、二程以来的理学思想进行系统的吸收和总结，形成性、理、太极等终极性概念的内在统一和逻辑圆融。朱熹将太极阴阳之关系处理成本体与生成、太极与万物内在又超越的关系，朱熹云："阴阳一太极，精粗本末无彼此也；太极本无极，上天之载无声无臭也。五行之生，这种各一其性，气殊实异，各一其○（○指"无极、太极"），无假借也。"[2]"盖人物之生，莫不有太极之道。"[3]也就是说，从宇宙的本体来说，太极是万事万物的本源和本质，是整个宇宙的主宰，整个宇宙和人类社会都是以太极作为根本的规律。朱熹云："阳而健者成男，则父之道也；静而顺者成女，则母之道也。是人物之始，以气化而生者也。自万物而观之，则万物各一

---

[1] 《周易程氏传》卷二。
[2] "太极图说解"，载《朱子全书》第13册，第70页。
[3] "太极图说解"，载《朱子全书》第13册，第74页。

其性,而万物一太极也。盖合而言之,万物统体一太极也。"[1]太极即天理,"宇宙之间,一理而已。天得之为天,地得之为地。而凡生于天地之间者,又各得之以为性,其张之为三纲,其纪之为五常。盖皆此理之流行,无所适而不在。"[2]在朱熹看来,圣人之性是人性之真的"样板",圣人之性可以说是"无极之真"与"二五之精"妙合而凝的体现,故能"全动静之德";从气禀角度看,"圣人之生,又得其秀之秀者。""故其一动一静,莫不有以全夫太极之道,而无所亏焉。"[3]因此圣人是真正体现太极根本原理的善人,而常人往往由于受到各种利害关系的干扰和破坏,丧失其本来的善良品格。"众人具动静之理,而常失之于动也。盖人物之生,莫不有太极之道焉。然阴阳五行,气质交运,而人之所禀独得其秀,故其心为最灵,而有以不失其性之全,所谓天地之心,而人之极也。然形生于阴,神发于阳,五常之性,感物而动,而阳善、阴恶又以类分,而五行之殊散为万事。盖二气五行,化生万物,其在人者又如此。自非圣人全体太极有以定之,则欲动情胜,利害相攻,人极不立,而违禽兽不远矣。"[4]朱熹在人性本体上,主张人性善,他根据太极本体和天理观,指出了天理是人天生的本性,而人欲的存在往往使得人的德性受到蒙蔽,失去善良本性。朱熹云:"盖天理莫知其所始,其在人则生而有之失。人欲者,格于形、杂于气、扭于习、乱于情而后有者也.然既有而人莫之辨也,于是乎有同事而异行者焉,有同行而异情者焉,君子不可以不察也。然非有以立乎其本,则二者之几微暖万变,夫孰能别

---

[1] "太极图说解",载《朱子全书》第13册,第74页。
[2] 《朱文公文集·卷七十·读大纪》。
[3] 《朱文公文集·卷七十·读大纪》。
[4] 《朱文公文集·卷七十·读大纪》。

之。"〔1〕因此,要保存天理,必须去除人欲。而此处人欲,并非是人的所有欲望,而是心之私与邪,灭人欲并不是禁止人的全部欲望,而是禁止不正当的欲望,如有问"饮食之间,孰为天理,孰为人欲?"朱熹说:"饮食者,天理也;要求美味,人欲也。"〔2〕

2. 德本刑末,礼主法辅

在德刑礼法关系上,朱熹坚持传统儒家思想对于该问题的立场。他指出:"愚谓政者,为治之具;刑者,辅治之法。德礼则所以出治之本,而德又礼之本也。此其相与为终始,虽不可以偏废,然政刑能使民远罪而已。德礼之效,则有以使民日迁善而不自知,故治民者不可徒恃其末,又当深探其本也。"〔3〕他认为统治者不要迷信刑罚,应该以德礼作为治国的根本,刑罚只不过是保障德礼推行以及社会礼乐教化的手段。"先之以法制政令,是合下有猜疑关防之意,故民不从,又却齐之以刑。"〔4〕政令法度只能治民之外在行为,而道德礼乐则可以感化其心,通过推行教化,逐步革除人们心里的"人欲",保存住天理,自然而然就会带来整个社会道德水平的提高和风俗的敦厚。

3. 执法必严,宽猛相济

朱熹认为国家法律法令,必须首先要严格执行,不能在执法过程中以开脱罪责损害了执法的标准,一味追求宽缓刑罚,误入"疑罪从轻"的错误道路。刑罚的宽是在法律的限度内,慎重刑狱,矜恤刑罚,而不是滥用宽刑的尺度,损害法律的威

---

〔1〕《晦庵先生朱文公文集·卷七十三·胡子知言疑义》,载《朱子全书》第24册,第3556页。
〔2〕《朱子语类》卷十三。
〔3〕《四书集注·论语·为政》。
〔4〕《朱子语类》卷二十三。

严。"某当以严为本,而以宽济之。《曲礼》谓'莅官行法,非礼威严不行。'须是令行禁止。若曰令不行、禁不止,而以是为宽,则非也。"[1]"古人为政,一本于宽,令必须反之以严。盖必如是矫之,而后有以得其当。今人为宽,至于事无统纪,缓急予夺之权,皆不在我。下梢却是奸豪得志,平民既不蒙其惠,又反受其殃矣。"[2]他还指出:"今人说轻刑者,致见所犯之人为可悯,而不知被伤之人尤可念也。如劫盗杀人者,人多为之求生,殊不念死者之为无辜,是知为盗贼计,而不为良民计也。"[3]在这种刑罚的思路指引下,他主张恢复肉刑,限制赎刑和严厉惩罚"奸凶"。同时,他也坚持慎刑,反对刑罚暴虐和滥用。"狱讼,面前分晓事易看。其情伪难通,或旁无佐证,各执两说,系人性命处,须吃紧思量,犹恐有误也。"[4]主张对于疑难案件中的犯罪嫌疑人,案情有怀疑的应当一律从轻,体现刑罚的矜恤精神。

4. 国家要务,在于恤民

朱熹对于南宋中期积累的诸多社会矛盾有清醒认识,认为统治者应该缓和阶级矛盾,减轻整个下层社会人民经济上的困苦,挽救宋朝国家的逐渐衰落的危机,他主张统治者要采取体恤农民的各项政策,挽救南宋的危难局面。

(1) 调整土地政策,抑制豪强。宋初政府采取"不抑兼并"的政策,实际上最终导致土地日益集中,农民和地主之间的矛盾日益尖锐。朱熹在担任地方官期间,对于土地问题产生的社会矛盾异常清醒。他在《井田类说》中指出:"官家之惠,优于

---

[1] 《朱子语类》卷一百零八。
[2] 《朱子语类》卷一百零八。
[3] 《朱子语类》卷一百一十。
[4] 《朱文公文集·戊申延和奏札一》。

三代；豪强之暴，酷于亡秦。"他还说："夫土地者，天下之大本也。《春秋》之义，诸侯不得专封，大夫不得专地。今豪民占田，或至数百千顷，富过王侯，是自专封也。"根据这种土地制度导致的贫富分化以及大多数农民无地少地的严峻形势，他提出要限制豪民占田，改革土地制度，以人口数来分配土地，"宜以口数占田，为立科限，民得耕种，不得买卖，以赡贫弱，以防兼并，且为制度张本，不亦宜乎？"朱熹在担任地方官期间，主张重新丈量土地，"常病经界不行之害，会朝论欲行泉、汀、漳三州经界，熹乃访事宜，择人物及方量之法上之。而土居豪右侵渔贫弱者，以为不便，沮之。宰相留正，泉人也，其里党亦多以为不可行。"朱熹倡导的正经界，按照口数占田的意见在地主和豪强势力的打压下，最终无果而终。

（2）减轻赋税，与民休息。朱熹在担任地方官期间，十分注重体恤老百姓，主张轻徭薄赋，反对政府对农民的盘剥压榨。特别是宋政府为了抗击北方少数民族的侵略，不断加派各种苛捐杂税，导致很多农民苦不堪言，人民生活贫困，民不聊生，纷纷背井离乡，成为流民。朱熹认为政府的苛捐"有名目科敛不一，官艰于催科，民苦于重敛，更无所措手足处"。[1]因此，他极力反对对老百姓重重盘剥，主张减轻人民赋税负担，"宁过于予民，不可过于取民"，采取各种惠民政策，奖励农业生产，大兴水利，鼓励垦荒，保护农业生产的各种设施，不耽误农事，劝课农桑，督促农民勤勉务农，与民休息。

（3）奖励生产，建立"社仓"。为了缓解农民在生产过程中的季节性融资需要，保护粮食生产的稳定，朱熹倡导设立"社仓"，在青黄不接时节，通过社仓将粮食贷给农民，遇到年

---

[1]《朱子语类》卷一百一十。

成不好，利息减半，在粮食收获后偿还，以防止地主和豪强趁机利用高利贷盘剥农民和兼并土地。"山谷细民，无盖藏之积，新陈未接，虽乐岁不免出倍称之息，贷食豪右；而官粟积于无用之地，后将红腐不复可食。愿自今以来，岁以敛散，既以纾民之急，又得易新以藏。俾愿贷者出息什二，又可抑侥幸，广储蓄，即不欲者，勿强。"

第三节　心学家法律思想

明清时期，心学代理学崛起，成为具有重要历史影响的儒学流派。心学实际上是儒学内部长期酝酿的一个流派。宋志明认为心学家们："在本体论方面，王阳明接着陆九渊的心学学脉讲，也主张'心外无理'、'心外无物'，基本思想大体相似。不过，他并不照着陆九渊的讲法讲，而是找到了一种新的讲法。陆九渊和王阳明都以《孟子》为主要文本依据，但选择的核心理念有所不同。陆九渊选择的是'本心'，王阳明选择的是'良知'。为了突出王学的学术特色，本文把王阳明的本体论学说称为良知本体论。"[1]心学家秉承子思、孟子的学术脉络，发扬周孔，弘扬儒学，从现实社会政治矛盾和整个宇宙坐标中，探寻解决人心与社会的困境，最终将社会与人生落实到"本心"上，一改程朱理学长期以来偏重于从心外求理，极力维护以"三纲五常"为核心的外在道德之"理"，指出了所谓的社会大道与人生之理，并非来自外部的这些纲常名教的规制，而是直接来自自我之本心。本心和良知已经是理，无须从外部去探求，只要将这种良知与本心发扬出来，展现出来，不落偏执，就会自然而然

---

[1] 宋志明："正统理学的终结者：阳明心学发微"，载《中国人民大学学报》2010年第4期。

实现了亲亲、仁民与爱物，实现社会的和谐与宇宙的和谐。对于庞大的心学脉络，我们仅仅选取"二王"（王守仁、王艮）作为代表来阐述，以展现他们独特的法律思想观念和价值。

一、王阳明的法律思想

王守仁（1472年~1529年），字伯安，浙江余姚人，人称阳明先生。明代著名政治家、军事家、教育家。出生官僚地主家庭，弘治十二年中进士，历任刑部主事、兵部主事、都察院右佥都御使、兵部尚书，先后镇压福建、江西等地农民起义，平定宁王朱宸濠叛乱，封特进光禄大夫、新建伯。

1. 心外无理的本体论

王阳明继承陆九渊提出的"心即理"的学说，一反程朱理学的客观唯心主义，指出"所谓汝心，却是那能视听言动的，这个便是性，便是天理。有这个性才能生。这性之生理便谓之仁。这性之生理，发在目便会视，发在耳便会听，发在口便会言，发在四肢便会动，都只是那天理发生，以其主宰一身，故谓之心。这心之本体，原只是个天理，原无非天理发生，以其主宰一身，故谓之心。这心之本体，原只是个天理，原无非礼，这个便是汝之真己。这个真己是躯壳的主宰. 若无真己，便无躯壳，真是有之即生，无之即死。"[1]王阳明还指出"心之体，性也，性即理也；天下宁有心外之性、宁有性外之理乎?"[2]将传统儒家心、性、理三者统一起来，创造性地将儒家人性、天理等核心概念统一于心，建立起系统性的心学儒家哲学体系。所谓心外无理，就是理不是从外部的客观世界与古圣先贤的经典文本以及他人的道德说教中求得，每个人都有一心，心的本

---

[1]《传习录·薛侃录》。
[2]《王阳明全集·书诸阳伯卷》。

体就是"良知",这种良知是不虑而知,不学而能,"是心之本体,心自然会知。见父自然知孝,见兄弟自然知弟,见孺子入井自然知恻隐。此便是良知。不假外求。若良知之发,更无私意障碍,即所谓'充其恻隐之心,而仁不可胜用矣。'然在常人不能无私意障碍。所以须用致知格物之功,胜私复理。即心之良知更无障碍,得以充塞流行。便是致其知。"〔1〕既然主宰人生社会的天理并不需要从外部世界中探求,而直接从本心和良知而来,因此,每个人的目标就是灭私欲,存良知,使得每个人所有的良知本心发挥出来。王阳明先生根据这一良知本体论,对于每个人和整个社会充满信心,"满街都是圣人",从这里可以看出,王阳明思想与孟子的"人人皆可为尧舜"何其相似。

2. 知行合一的实践论

王阳明根据他的心本体与致良知学说,进一步将本体论推广到他的伦理观,提出"知行合一"的理论。王阳明所指的"知"与"行"并非我们日常所使用的认识与实践概念,而是根据他的心学体系发引出来的独特的概念。王阳明说:"我今说个'知行合一',正要人晓得一念发动处便即是行了。发动处有不善,说将这不善的念克倒了,须要彻根彻底不使那一念不善潜伏在胸中。此是我立言宗旨。"〔2〕王阳明在这里讲的知与行都是人的思想意识活动,都是他认为的"心"的活动。王阳明说:"见好色属知,好好色属行,只见那好色时已自好了,不是见了后又立个心去好;闻恶臭属知,恶恶臭属行,只闻那臭时已阿恶了,不是闻了后别立个心去恶。"从总体来看,王阳明的知,实际上就是良知,对事实的确认与价值判断以及行为上的取舍是合一的,正如王阳明所说"知是行的主意,行是知的工

---

〔1〕《传习录·徐爱引言》。
〔2〕《传习录·门人黄直录》。

夫。知是行之始，行是知之成。若会得时，只说一个知，已自有行在。只说一个行，已自有知在。"[1]王阳明提出的知行合一学说，从根本上对于宋代以来的程朱理学的"知先行后，先格物再致知"的理学教条进行彻底的批判和颠覆，有助于明代思想解放和革新，王阳明从封建士大夫的独立立场，对于整个社会价值观的批判和检讨。实际上是为广大民众重新寻求一种摆脱教条和残暴封建统治的道路的可能尝试。知行合一，带有明显的实践性和真诚性，相比许多为封建制度卫道的统治御用文人，王阳明的知行观带有一定的思想启蒙的作用，是为明朝中后期积弊已久的整个统治系统的一次寻求突破的思想创新探索。一种为广大民众所能日常践履的新的价值观和伦理观，正伴随着王阳明心学理论悄然崛起，广大士大夫正是在这种新思想的指引下，企图挽救日益衰弊的明代社会，王阳明实际上起到了明末启蒙思想家的启蒙先声的作用。

3. "十家牌法"与乡约

王阳明在实践其心学的一生中，始终关注整个社会的基层运行秩序，贴近社会生活，不断地通过他参与政治、军事和讲学活动，来实践其所追求的人生理想和社会之道，成为一个著名的社会活动家。乡约最早起源于北宋吕大钧兄弟在关中地区创立的乡村自治规约，以实现"德业相劝、过失相规、礼俗相交、患难相恤"等基本目标，乡约有相应的罚式、聚会、主事若干配套规定，由乡民共同推举正直之人为约正，设置彰善、纠恶二册，由约正负责。大体而言，明朝前期乡治较少施行，原因是前期政治较为清明，民众风正俗淳，基层社会秩序较好。但到了中后期，随着整个社会的秩序的逐步失控，体现在乡村

---

[1]《传习录·徐爱录》。

就是旧有的秩序逐步被破坏,"民至不得保其伉俪,享糟糠孤孽之业","积兹亡辙,蚌孳萌生。"[1]正德十一年九月,王阳明被任命为都察院左佥都御使巡抚南赣汀漳等处,开始形成其乡治思想。[2]在镇压当地农民武装力量后,他开始推行稳定乡村秩序、重建乡村社会的措施。首先,推行"十家牌法"。他在《十家牌法告谕各府父老子弟》中阐述了其主要宗旨:"今为此牌,似亦烦劳。尔众中间,固多诗书礼义之家,吾亦岂忍以狡诈待尔良民?便欲防奸革弊,以保安尔良善,则又不得不然;父老子弟,其体此意。自今各家务要父慈子孝,兄弟爱敬,夫和妇随,长惠幼顺,小心以奉官法,勤谨以办国课,恭俭以守家业,谦和以处乡里。"十家牌法的具体办法是在"十家牌"上写明十家居民的姓名、籍贯、房屋等情况,"此牌就仰同牌十家轮日收掌,每日酉时分持牌到各家,照粉牌查审;某家今夜少某人,往某处干某事,某日当回;某今夜多某人,是某姓名,从某处来,干某事,务要审问的确,仍通报各家知会。若有事可疑,即行报官;如或隐蔽,事发,十家同罪。"[3]可见,十家牌法实际上是保甲连坐制度的翻版,虽然是从封建统治者立场上制定的规定,但是也从一定程度上是为了稳固因农民起义破坏的社会秩序,为今后的乡约建设提供了稳定的社会环境。其次,他试图通过将自己的心学理论体系融入到基层社会治理的秩序之中,实现其王道政治的社会理想。王阳明指出,"往者新民盖常弃其宗族,畔其乡里,四出而为暴,岂独其性之异,其人之罪哉?亦由我有司治之无道,教之无穷;尔父老子弟,所以训诲戒饬于家庭者不早,熏陶渐染于里闾者无素,诱掖奖

---

[1] 《国榷》卷五十一。
[2] 曹国庆:"王守仁与南赣乡约",载《明史研究》1993年第3辑。
[3] 曹国庆:"王守仁与南赣乡约",载《明史研究》1993年第3辑。

劝之不行，连属叶和之无具，又或愤怒相激，狡伪相残，故遂使之靡然日流于恶，则我有司与尔父老子弟皆宜分受其责。呜呼！往者不可及，来着犹可追。故今特为乡约，以协和尔民。自今凡尔同约之民，皆宜孝尔父母，敬尔兄长，教训尔子孙，和顺尔乡里；死丧相助，患难相恤；善相劝勉，恶相告戒；息讼罢争，讲信修睦，务为良善之民，共成仁厚之俗。"[1]村民在同约之中推举"年高有德为众所敬服者"一人为约长，二人为约副，推举"公直果断者"四人为约正，同时还推举有约史、知约、约赞等职位，设有三个簿，分别记载同约人的花名册以及行动明细、彰善、纠过等主要事项。

从总体来看，王阳明所推行的是乡约，而并非乡村自治，其中带有很多官方权力影响的因素，但是其对于基层乡村治理的探索，有力推动了明朝中期以后全国各地乡约的推行。在很大程度上促进了乡村社会政治、经济、文化秩序的恢复与重建。在赣县，乡约的推行使得"人心大约淳正，急公输纳，守礼畏法，""子弟间有游惰争讼者，父兄闻而严惩之，乡党见而耻辱之。""南赣士民咸思慕之，歌功颂德，久而不衰。"[2]

二、王艮的法律思想

王艮（1483年~1541年），字汝止，号心斋，泰州安丰场（今江苏东台）人，出生于贫困灶丁家庭。因家境贫穷，十九岁王艮便在全国各地贩卖私盐广泛接触各阶层社会。社会底层的生活体验使王艮对下层百姓充满深厚感情。38岁时，投王阳明门下，成为阳明著名弟子之一，对于传播王学起到重要的推动作用。此后，他长期以民间身份开始讲学，将王阳明心学发扬

---

[1]（明）王守仁：《南赣乡约》。
[2]《王文成公全集》卷三十五（附录四）。

光大，推陈出新，成为泰州学派的创始人，成为心学史上具有重要影响的代表人物。王艮与王阳明思想虽然都归宗于心学，但是具有其独特的特征和内涵，从总体来看，是一种代表平民立场的儒学观点，有些学者将王艮思想定位为"左派王学"[1]，不无道理。

1. 自在自足的良知本体论

王艮在良知问题上承接王阳明，但是有突破。王阳明的良知带有一定的先验性，是天理流行，不虑而知，不学而能的本体性特征。而王艮在一定程度上将良知进一步拉回来现实生活中，指出良知本身就存在于我们的生活实践之中。王阳明认为，只要良知不为私欲障隔，处于真诚恻怛的状态，就可以自然发出仁、义、礼、智、信等圣人道德。但由于只有圣人身上的良知不为私欲遮蔽，因此也只有圣人的良知可以不用费力地展现；在普通人，则其良知是为私欲障隔的，因此需要一个恢复良知本体的过程即摒除私欲恢复良知并让良知得以展现的过程，从而使良知能够发出仁、义、礼、智、信等道德内容[2]。而王艮却不在"致"字上下功夫，他更加强调的是良知的自在自足："无为其所不为，无欲其所不欲，只是致良知便了。"王艮发掘出王学中的可贵之点为其主张的平民伦理思想服务，即把良知看成可以让圣贤指导而让百姓获得的。如果说在王阳明那里，真正具有良知的是那些诸如尧舜、周孔这些圣人，他们可以将良知发用而不蔽，普通的民众必须有一番格物致知的功夫，将

---

[1] 嵇文甫将阳明后学分为左、右两派，指出："龙溪、心斋使王学向左发展，一直流而为狂禅派；双江、念庵使王学向右发展，事实上成为后来各种王学修正派的前驱。王学的发展过程，同时也就是它向左右两方面分化的过程。"（嵇文甫：《晚明思想史论》，东方出版社1996年版，第16页。）

[2] 李冬梅："王艮与王阳明良知思想对比"，载《东南大学学报（哲学社会科学版）》2003年第6期。

人欲摒除,将良知天理留存,因此王阳明所说的"人人皆可为尧舜"只是其心中的理想,而王艮则直接将成圣之道化为自然而然的良知的体现,即"满街都是圣人",凡圣之间的鸿沟完全可以消弭。

2. 百姓日用即是道的实践论

根据王艮的良知自在自足的本体论,他高度肯定每个平民百姓的日常生活的价值,而这一观点一反儒家传统认为的日常生活与天地之"大道"的截然区分的旧有观点。往年有一友问心斋先生云:"如何是'无思而无不通'?"先生呼其仆,即应;命令取茶,即捧茶至。其友后问,先生曰:"才此仆未尝有期我呼他的心,我一呼之便应,这便是'无思而无不通'。"是友曰:"此则满天下都是圣人了。"先生曰:"却是日用而不知,有时懒困着了,或作诈不应,便不是此时的心。阳明先生一日与门人讲大公顺应,不悟。忽同门人游田间,见耕者之妻送饭,其夫受之食,食毕与之持去。先生曰:'这便是大公顺应。'门人疑之,先生曰:'他却日用而不知的,若有事恼起来,便失这心体。'"[1]王艮说:"即事是学,即事是道,人困于贫而冻馁其身者,则亦失其本而非学也",这种观点实际上是对于理学所主张的来源于古圣先贤的高不可及的大道与至理,作了新的诠释,将百姓日常生活的合理性和个体的利益诉求提升到一个前所未有的高度,将日常生活的普通老百姓提高到与圣人几乎一般的地位。所以他走在街头巷尾,见到市井、村夫,感叹满街都是圣人,将理学家曾经高仰望的圣人拉回民间,使得每个人的个体价值抬高到圣贤的高度。

3. 尊重个体之价值的权利论

王艮认为:"身也者,天地万物之本也。天地万物,末也。

---

[1]《明儒学案·江右学案一》。

知得身是天下国家之本，则以天地万物依于己，不以己依于天地万物；"[1]"身与道原是一件事。……尊身不尊道，不谓之尊身；尊道不尊身，不谓之尊道。须道尊身尊，才是至善。止至善者，安身也；安身者，立天下之大本也；""身与道原是一件事，……天下有道，以道殉道，天下无道，以身殉道，必不以道殉乎人。……若以道从人，妾妇之道也。"[2]"尊身"的基本前提就是要"保身"。"良知之学，保身而已……国有道其言足以兴国，无道则默足以容，既明且哲，以保其身。"王艮著名的"明哲保身论"讲的就是这个道理。这里王艮突出强调了生命存在的意义，人类个体生命权利的重要。在王艮人本主义思想体系中一个重要的命题就是"爱身如宝"说。王艮认为："知保身者，必爱身如宝。""能爱身，则不敢不爱人；能爱人，则人必爱我；人爱我，则我身保矣。能爱人，则不敢恶人；不恶人，则人不恶我；人不恶我，则我身保矣。"在王艮的眼中，芸芸众生之中的每个凡夫俗子，虽然他们没有如古圣先贤的丰功伟绩，但是每个人的生命是无价的，每个人的生命权利都是神圣的，不可随意被统治者剥夺和侵犯的。这种维护个体生命价值的立场，实际上是对于理学一统天下造成的"饿死事小，失节事大"，腐朽的官僚政权与残酷的礼教对于个体的淹没，对于人性的摧残的抗议与摒弃，体现了王学面向社会下层群众的鲜明立场。

4. 以天下治天下的民主观

此外，王艮为人民争取政治平等地位的思想还表现在他提出了"以天下治天下"的人民参政思想。他在《王道论》中说"为人君者，体天地好生之心，布先王仁民之政，依人心简易之

---

[1]《王心斋全集》，江苏人民出版社2000年版，第34页。
[2]《王心斋全集》，江苏人民出版社2000年版，第75页。

理,因祖尊正大之规,象阴阳自然之势,以天下治天下斯沸然矣。"王艮在这里说的以"天下治天下"让天下人治理天下,或者说让人民参与治理天下。"依人心简易之理"就是要反映人民的愿望;"象阴阳自然之势"就是要顺应历史发展的潮流。王艮这种以"天下人治理天下"的思想,开启了中国民主政治思想的先河,是中国民主政治思想最早的萌芽之一。

第四节　明末清初启蒙思想家法律思想述略

明末清初,中国思想史上出现以黄宗羲、王夫之和顾炎武为代表的启蒙思想家,他们在满清侵略征服者大军压境的危难局势下,先后参加了各地的抗清活动。在挽救明朝灭亡的斗争中,九死一生,抗清斗争失败后,纷纷卸甲返乡,隐居民间,长期从事学术研究和讲学活动。他们从国破家亡、少数民族屠戮中原的惨痛历史教训中,深刻反省我们历史和文化,总结成败得失,在思想和理论上先后完成了从传统儒家士人向启蒙思想家的转变。黄、王、顾代表了当时有觉悟的儒家知识分子以天下为己任,继往圣绝学、开后学先导,反思传统文化,启蒙民众意识。他们的思想的产生与当时所处的时代环境有密切联系。一方面,明末出现前所未有的亡国危机,与明王朝推行的腐朽的封建统治有密切关系。明王朝建立起前所未有的君主专制集权统治,统治者骄奢淫逸、横征暴敛,对内残酷镇压,对外软弱无能,导致整个社会秩序崩溃瓦解,整个社会盘旋在治乱衰替的历史转折点,亡国、亡天下的历史性危局再次重演,而明末在挽救亡国与亡天下两个问题上同时惨遭失败。另一方面,是明中叶以来,江南商品经济发展有力地推动了社会阶级阶层的分化瓦解,资本主义经济出现了局部萌芽,私有制经济规模逐步壮大，产生了一些小私有者和市民阶层，他们迫切要求打破封建制度的桎梏，争取自身的经济、政治权利。这些都是明末启蒙思想产生的社会土壤和客观条件。明末清初启蒙思想家所作的启蒙，开传统思想发展的新气象，成为后世人们反思传统的重要理论资源。可惜的是这种带有启迪性的思想伴随着满清王朝更加严密的专制控制，而窒息于历史发展的襁褓之中，直到鸦片战争以后中国再次面临同样类型的社会危机时才重新焕发出其熠熠光辉。

我们在这里将明末清初启蒙思想家作为一个整体，从他们共同的、一般的思想倾向来展现启蒙思想的全貌，而不再一一赘述，因此，在某些方面仅仅是个别人物的观点不再罗列。

一、夷夏之防论

以黄宗羲、王夫之和顾炎武为代表的启蒙思想家，先后都投身轰轰烈烈的反抗满清侵略的斗争，他们都出身官僚士大夫家庭，对明王朝代表的华夏文明带有深厚的民族感情，均有天下己任的历史使命感和责任感，因此，在夷夏问题上，对于以侵略者身份入主中原统一全国的清王朝带有根本的文化上的敌对和厌恶。特别是顾炎武，站在整个文化存亡的高度，对于儒家之家、国、天下关系予以重新反思和界定，提出了"天下兴亡，匹夫有责"的伟大历史命题，感召了后世的一代又一代儒家知识分子。实际上，顾炎武是从儒家传统的夷夏关系来认识天下兴亡问题。在夷夏之辩问题上，他敢于挑战历史上的定论和权威，提出"盖自古用蛮夷攻中国者，始自周武王，牧野之师有庸、蜀、羌、矛、微、卢、彭、濮。而晋襄公败秦于崤，实用姜戎为犄角之势。大者王，小者霸，于是武灵王踵此用以谋秦，而鲜卑、突厥、回纥、沙陀自此不绝于中国矣。"[1]这一观点振聋发聩，响彻历史时空，对于儒家历来推崇的行圣君周武王，在夷夏问题上的借助外族侵略者来实现其统一中原的卑鄙行径予以揭露，指出"自古用蛮夷攻中国者，始自周武王"。顾炎武对于满清入关，并不如某些知识分子所认为的，只要政治清明，照样是人民之福的错误观点予以驳斥，提出在涉及到中华民族利益和儒家传统文化的根本问题上，不存在妥协的余地。自从他抗清失败回乡以后，周游北方各地，长期在北方经商、生活，并广泛搜集图书，拜谒历史文化古迹，并时刻关注全国各地的抗清斗争，对于曾经被视为盗贼的农民起义军余部的抗清斗争给予热情讴歌，作《淄川行》表达其对于反抗异族侵略的文化责任感。顾炎武从一个全新的角度，将亡国与亡天下的宏大历史问题展现在世人眼前，他说："有亡国，有亡天下。亡国与亡天下奚辨？曰：'易姓改号，谓之亡国'；仁义充塞，而至于率兽食人，人将相食，谓之亡天下。魏、晋人之清谈，何以亡天下？是《孟子》所谓杨、墨之言，至于使天下无父无君而入于禽兽者也。昔者嵇绍之父康被杀于晋文王，至武帝革命之时，而山涛荐之入仕。绍时屏居私门，欲辞不就。涛谓之曰：'为君思之久矣，天地四时犹有消息，而况于人乎？'一时传诵，以为名言，而不知其败义伤教，至于率天下而无父者也。夫绍之于晋，非其君也，忘其父而事非其君，当其未死三十余年之间，为无父之人亦以久矣，而荡阴之死，何足以赎其罪乎！且其入仕之初，岂知必有乘舆败绩之事而可树其忠名以盖于晚也？自正始以来，而大义之不明，遍于天下，如山涛者既为邪说之魁，遂使嵇绍之贤，且犯天下之不韪而不顾。夫

---

[1] 黄汝成：《日知录集释》，岳麓书社1994年版，第1043页。

邪正之说，不容两立，使谓绍为忠，则必谓王裒为不忠而后可也。何怪其相率臣于刘聪、石勒，观其故主青衣行酒而不以动其心者乎？是故知保天下，然后知保其国者，其君其臣肉食者谋之；保天下者，匹夫之贱与有责焉耳矣。"[1]可见，顾炎武所说的天下，实际上是以儒家仁、义、礼、智、信等为核心的价值观，以及以这些价值观为宗旨的特有的中原文化。仁义充塞会导致整个社会人伦道德的沦丧，异族如禽兽般的庸俗价值观和文化就会摧毁整个文明价值观和文化体系，最终会导致整个中华民族的灭亡。虽然顾氏是站在明亡清兴的历史转折点来认识天下与国家兴亡的历史问题，但是对于我们今天如何处理外来文明以及华夏文明与世界文明之间的冲突，处理一百多年来面对外国列强汹涌的殖民侵略所丧失的民族的自豪感和文化自信心，无疑具有重要的参考价值和深远启迪意义。无论中华民族未来如何发展，中国的文化都将以其独有的特征和魅力，必然绽放出新的活力和生机，而并非照搬照抄，将外来的一切拿来改造我们整个民族。中华存在的价值就在于其特有的礼乐文明，礼乐文明是中华传统几千年的悠久文明结晶，是中国人的不变的历史记忆，未来的强大的华夏文明离不开其在少年时代的文化背景，离不开其生长的根基，否则我们将面临顾炎武所说的天下灭亡的历史惩罚和厄运。

二、君民共主论

三大思想家均对明末朝廷腐败，皇帝专权导致的整个天下的衰微和无力抵抗外敌问题有清醒的认识，并对此进行反思并提出有针对性的民主思想。虽然在君民关系上有不同的设想，

---

[1]《日知录·正始》。

但是在对于君主权力的限制，提高人民的政治经济地位上有相似的看法。这种对于君主与民众关系崭新的论述，已经突破了传统儒家的"君为臣纲"甚至对之颠覆。黄宗羲提出了"天下为主，君为客"的民主思想，尤其具有代表性。黄宗羲指出进入阶级社会以后，君主已经由人民的公仆变成人民的压迫者，"有生之初，人各自私也，人各自利也，天下有公利而莫或兴之，有公害而莫或除之。有人者出，不以一己之利为利，而使天下受其利，不以一己之害为害，而使天下释其害。此其人之勤劳，必千万于天下之人。夫以千万倍之勤劳而己又不享其利，必非天下之人情所欲居也。故古之人君，去之而不欲入者，许由、务光是也；入而又去之者，尧、舜是也；初不欲入而不得去者，禹是也。岂古之人有所异哉？好逸恶劳，亦犹夫人之情也。"[1]黄宗羲对于封建专制君主制度给予了猛烈的抨击，他说历代封建君王"既得之也，敲剥天下之骨髓，离散天下之子女，以奉我一人之淫乐，视为当然。曰：'此我产业之花息也。'然则为天下之大害者，君而已矣。"[2]历代的封建统治者并非他们自己所宣扬的，是位天下而为天下，而是将天下视为他们的家族产业，他们的贪婪导致广大的百姓家破人亡，妻离子散，而这一切灾难的根源就是君主制度。因此黄宗羲主张彻底抛弃君主独裁的专制制度，代之以"天下为主、君为客"的民主制度，主张君臣应该平等。他说："臣之与君，名异而实同"，"缘夫天下之大，非一人之所能治而分治之以群工。故我之出仕也，为天下，非为君也；为万民，非为一姓也……出而仕于君也，不以天下为事，则君之仆妾也；以天下为事，则君之师友

---

[1]《明夷待访录·原君》。
[2]《明夷待访录·原君》。

也。"[1]他主张君臣之间并非是上下等级关系,而是师生朋友关系。鉴于君主权力太大,黄宗羲建议恢复宰相设置,相当于君主立宪制下的内阁。如何发扬体现人民的参政议政权力呢?黄宗羲认为应该仿效古代的学校议政之好的经验,他认为应该提高学校的地位,由群众推选出来的学校领导人对于政府政策提出批评,以此确保广大人民群众参政议政权的实现,实际上他说设想的这样的学校相当于现在的议会。"学校,所以养士也。然古之圣王,其意不仅如此,必使治天下之具皆出于学校,而后设学校之意始备。"在中央每到月初,学校的最高领导人祭酒,"天子临幸太学,宰相、六卿、谏议皆从之。祭酒南面讲学,天子亦就弟子之列。政有缺失,祭酒直言无讳。"

顾炎武也主张废除君主专制,而代之以"众治"。他说:"人君之于天下,不能以独治也。独治之而刑繁矣,众治之而刑措矣。"他主张将君主的权力分配给各级官员,实现众治,"所谓天子者,执天下之大权者也。其执大权奈何?以天下之权,寄之天下之人,而权乃归之天子。自公卿大夫至于百里之宰、一命之官,莫不分天子之权,以各治其事,而天子之权乃益尊。"[2]他主张鼓励对于政府的舆论监督,采取"乡论、清议"的方式,制约君主和官员的权力,"天下有道,则庶人不议。然则政教风俗,苟非尽善,即许庶人之议矣。"[3]"天下风俗最坏之地,清议尚存,犹足以维持一二,至于清议亡,而干戈至矣。"[4]

王夫之在反封建君主专制问题上虽然相对保守,但对于君

---

[1]《明夷待访录·原臣》。
[2]《日知录·守令》。
[3]《日知录·直言》。
[4]《日知录·清议》。

主独裁的害处认识清醒,主张"公天下","以天下论者,比循天下之公,天下非夷狄盗逆之所可尸,而抑非一姓之私也。"[1]君主如果成为暴君和昏君,那么"君非君,则天下不能息其乱",就"可禅、可继、可革"。

三、礼法之辩论

在礼与法的关系上,启蒙思想家对于传统的德主刑辅、礼主法辅的正统观念给予驳斥。黄宗羲在礼法关系上,第一次明确提出法律的合法性问题,指出三代以上的法是"天下之法",而以后的封建王朝的法律是一家一姓的法律,是"藏天下于筐箧"的"非法之法"。他指出:"三代之法,藏天下于天下者也。山泽之利,不必其尽取;刑赏之权,不疑其旁落;贵不在朝廷也,贱不在草莽也。在后世方议其法之疏,而天下之人不见上之可欲,不见下之可恶;法愈疏,而乱愈不作,所谓无法之法也。后世之法,藏天下于筐箧者也。利不欲其遗于下,福必欲其敛于上。用一人焉,则疑其自私,而又用一人以制其私……天下之人共知筐箧之所在,吾亦鳏鳏然日唯筐箧之是虞,故其法不得不密。法愈密,而天下之乱即生于法之中,所谓非法之法也。"[2]因此,黄宗羲提出废除一家之法,代之以天下之法,"有治法而后有治人"的礼法关系新主张。"使先王之法而在,莫不有法外之意存乎其间。其人是也,则可以无不行之意;其人非也,亦不至深刻落网,反害天下。故曰'有治法而后有治人'。"[3]

王夫之提出任法与任道、任人相结合。一方面要重视公天下

---

[1]《读通鉴论·卷末·叙论一》。
[2]《明夷待访录·原法》。
[3]《明夷待访录·原法》。

之法，另一方面也要强调道德礼仪的作用，将任法、人道、任人三者有机结合起来。他指出"道也者，导之也，上导之而下遵以为路也。"[1]"法无有不得者也，亦无有不失者也。先王不恃其法，而恃其知人安民之精意；若法，则因时而参之礼乐刑政，均四海，齐万民，通百为者，以一成纯而互相裁制。举其百，废其一，而百者皆病；废其百，举其一，而一可行乎？浮慕前人之一得，夹糅之于时政之中，而自矜复古，何其窒也。"[2]王夫之主张将任法与任人两者必须紧密结合起来，"任人任法，皆言治也。"一方面，要建立良好的法律制度，同时，也要选拔执行法律的"宽仁之吏"，"以要言之，用人其尤亟乎！人而苟为治人也，则治法因之以建，而苛刻纵弛之患两亡矣。"[3]

四、均平天下论

三位思想家都看到了封建地主土地所有制造成的地主阶级和农民之间的矛盾，对于农民起义的烈火切身感受，他们在抵御满清侵略者的过程中，对于广大农民遭受到的压迫感同身受，在土地问题上提出了平均土地的设想。黄宗羲在批判君主专制的腐朽的同时，对于三代以前的"公天下"给予高度的认同，指出"三代之法，藏天下于天下者也"。反对社会财富为少数人享有，彻底批判了君主这种以天下之财富为一己之私所专擅的卑劣行径，渴望建立一个天下人自给自足的公平社会。王夫之更是将社会的财富的不公看成是导致社会动荡和灭亡的根本原因之一。他指出，过去的君主都是将天下作为一家一户的私产，"君主以天下之财富为己之财，上行下效，聚敛无度"，主张

---

[1]《读通鉴论》卷五。
[2]《读通鉴论》卷二十一。
[3]《读通鉴论》卷十一。

"去一姓之私",为"天下之大公","好民之所好","均平专壹不偏不吝"[1],这样国家就不会败亡。

---

[1] 《读四书大全说》卷一。

主要参考文献

（一）翻译著作

1. 《马克思恩格斯全集》第 1 卷，人民出版社 1956 年版。
2. ［法］柏格森：《时间与自由意志》，吴士栋译，商务印书馆 1958 年版。
3. ［日］镰田茂雄：《简明中国佛教史》，郑彭年译，上海译文出版社 1986 年版。
4. ［日］仁井田陞：《唐令拾遗》，霍存福等译，长春出版社 1989 年版。
5. ［德］马克斯·韦伯：《学术与政治》，冯克利译，生活·读书·新知三联书店 1998 年版。
6. ［美］杜赞奇：《文化、权力与国家》，王福明译，江苏人民出版社 1996 年版。

（二）中文著作

1. 《管子》。
2. 《韩非子》。
3. 《老子》。
4. 《礼记》。
5. 《论语》。
6. 《孟子》。
7. 《诗经》。
8. 《孝经》。
9. 《荀子》。
10. 《庄子》。

11. （宋）程颢、程颐：《二程集》，中华书局1981年版。
12. （宋）洪迈：《容斋随笔》，上海古籍出版社1978年版。
13. （宋）李觏：《李觏集》，中华书局1981年版。
14. （宋）黎靖德编：《朱子语类》，中华书局1986年版。
15. （宋）张载：《张载集》，中华书局1978年版。
16. （宋）朱熹：《四书章句集注》，中华书局1983年版。
17. （宋）朱熹：《朱文公文集》，文渊阁《四库全书》本。
18. （明）李贽：《李贽文集》，社会科学文献出版社2000年版。
19. （明）王襞：《新镌东崖王先生遗集》，《四库全书存目丛书》集部第一四六册。
20. （明）王栋：《一庵王先生遗集》，《四库全书存目丛书》子部第一〇册。
21. （明）王艮：《王心斋先生全集》，明万历年间王世丰刊本。
22. （明）王畿：《王龙溪先生全集》，清光绪七年重刊本。
23. （明）王守仁：《王阳明全集》，上海古籍出版社1992年版。
24. （清）顾炎武：《天下郡国利病书》，《四部丛刊》本。
25. （清）顾炎武：《日知录集释》，上海古籍出版社2006年版。
26. （清）黄宗羲：《明儒学案》，中华书局1985年版。
27. （清）黄宗羲：《明夷待访录》，中华书局2011年版。
28. （清）王夫之：《船山全书》，岳麓书社2011年版。
29. 《史记》。
30. 《汉书》。
31. 《后汉书》。
32. 《三国志》。
33. 《春秋繁露》。
34. 《晋书》。
35. 《南齐书》。
36. 《陈书》。
37. 《梁书》。
38. 《隋书》。

39. 《旧唐书》。
40. 《新唐书》。
41. 《宋史》。
42. 《元史》。
43. 《明史》。
44. （北齐）颜之推：《新编诸子集成：颜氏家训集解》，中华书局 2010 年版。
45. （宋）李昉：《太平御览》，中华书局 1960 年版。
46. （魏）王弼：《老子注》。
47. （魏）何晏：《论语集解》。
48. （魏）阮籍：《阮籍集》。
49. （晋）郭象：《庄子注》。
50. 《十三经注疏》，上海古籍出版社 1997 年版。
51. （唐）杜佑：《通典》，中华书局 1988 年版。
52. （宋）马端临：《文献通考》，中华书局 2011 年版。
53. （宋）司马光：《资治通鉴》，中华书局 1956 年版。
54. （宋）王溥：《唐会要》，中华书局 1955 年版。
55. （宋）李焘：《续资治通鉴长编》，中华书局 2004 年版。
56. （宋）宋敏求：《唐大诏令集》，学林出版社 1992 年版。
57. （清）董诰：《全唐文》，中华书局 1982 年版。
58. （汉）班固：《白虎通义》，中国文史出版社 1999 年版。
59. （唐）《唐律疏议》，刘俊文点校，法律出版社 1999 年版。
60. （唐）吴兢：《贞观政要》，中州古籍出版社 2005 年版。
61. （唐）韩愈：《韩昌黎全集》，北京燕山出版社 1996 年版。
62. （唐）柳宗元：《柳宗元集》，景宏业编，上海古籍出版社 2006 年版。
63. 程树德：《九朝律考》，中华书局 2003 年版。
64. 陈寅恪：《金明馆丛稿初编》，生活·读书·新知三联书店 2001 年版。
65. 冯友兰：《中国哲学史》，华夏出版社 2009 年版。

66. 唐长孺：《唐长孺社会文化史论丛》，武汉大学出版社2001年版。
67. 白寿彝：《中国通史》，上海人民出版社1989年版。
68. 范文澜：《中国通史》，人民出版社1965年版。
69. 沈家本：《历代刑法考》，中国检察出版社2003年版。
70. 王葆炫：《今古文经学新论》，中国社会科学出版社1997年版。
71. 余英时：《中国思想传统及其现代变迁》，广西师范大学出版社2004年版。
72. 翦伯赞：《秦史稿》，北京大学出版社1981年版。
73. 梁漱溟：《东西文化及其哲学》，上海人民出版社2006年版。
74. 熊十力：《读经示要》，中国人民大学出版社2006年版。
75. 熊十力：《论六经·中国历史讲话》，中国人民大学出版社2006年版。
76. 汤用彤：《儒学·佛学·玄学》，江苏文艺出版社2009年版。
77. 张晋藩主编：《中国法制通史》，法律出版社1999年版。
78. 范忠信主编：《中国法制史》，北京大学出版社2007年版。
79. 范忠信主编：《中西法文化的暗合与差异》，中国政法大学出版社2001年版。
80. 怀效锋：《明清法制初探》，法律出版社1998年版。
81. 孟森：《明清史讲义》，中华书局1981年3月版。
82. 陈明：《儒者之维》，北京大学出版社2004年版。
83. 梁启超：《中国历史研究法》，江苏文艺出版社2008年版。
84. 万绳楠：《魏晋南北朝文化史》，东方出版中心2007年版。

后 记

　　这本书，是我在读博士期间，利用学习之余编写而成。前期打算对于中国法律思想史作一个较为宽泛的梳理，分别对上起先秦，下至近现代中国法律思想发展的总体脉络作一个粗线条的梳理，从而形成一个较为完整的法律思想发展的总体轮廓和认识。但由于学力、时间均有限，截取其中秦汉以来到近代以前，对于中国法律思想发展的轨迹作一个大体上的勾画，遂成现在这本书的主要内容。

　　总结历史的发展轨迹，我比较推崇黄仁宇先生的"大历史观"，从一个较长时段，从一个较为漫长的历史阶段，总结历史上的发生在过去之当代人们的成败得失，从而寻求历史过程中带有某些共通性、规律性的某类经验、教训和思想结晶，以更好的为我们当代的人们建设良善的生活提供有意义的借鉴和参照。

　　中华文明上下数牵连，纵横几万里，当我们回顾过去历史的漫天星空和我们中华先祖留下的纷繁复杂的文明足迹，总有一种让后来的学人畏惧的感触，子曰："君子有三畏：畏天命，畏大人，畏圣人之言。小人不知天命而不畏也，狎大人，侮圣人之言。"古圣先贤的话语听起来，让我这个无知后辈总有如芒在背、战战兢兢的惶恐。天命、圣人、道、仁这些话语让我理解起来，恍如站在完全不同的两个世界徘徊往复。在我不停的阅读中外思想家和哲人的有关论著以后，我隐隐发现，我们自近代鸦片战争被融进以西方文化为主导的世界体系以来，我们也许并非如某些西方思想家所认为的是走向现代化，走向一个更加康庄的文明发展道路。我们也许并没有古圣先贤那样的洞悉人伦事理的伟大智慧，我们可能在一些较为重大的问题上依旧迷糊不清，甚至是业已忘却自己的文明曾经有着十分辉煌灿烂的成就，忘记我们的先祖们曾经有着的对于我们自身文明的独创智慧和充分自信。

充分的反省最近一百七十余年来，我们中华民族走过的艰难历程，我们更需要的是对我们的自身的历史，对于我们的民族固有的文化传统，我们的历代祖先们特有的生活世界，我们的古圣先贤特有的思维方式和思想路径，作一个全面的总结与重现，这样的工作，唯有从历史上流传下来的文本中去不断的温故，结合我们现实的生活语境咀嚼出较为清新的韵味，填补我们当前走向社会分化与社会系统化过程中，在西方文明的压制性话语的侵袭下，我们在人生意义和文化价值层面出现的巨大的裂隙和空疏。从而避免在走向现代化过程中，我们中国人变成中国土地上的美国人、英国人、德国人，避免顾亭林先生所忧虑的"亡天下"的历史悲剧在中国变成现实。

子曰："士不可以不弘毅，任重而道远。仁以为己任，不亦重乎？死而后已，不亦远乎？"以此与从事法律史治学同仁们共勉。衷心感谢恩师陈景良先生、范忠信先生、程汉大先生、郑祝君教授、武乾副教授对我的教诲和鼓励，使我在读博期间进一步端正了治学的态度，提高了自身的素养。同窗王忠灿、陈敬涛、于熠、陈秀平，师兄孙向阳、杨树林、李志明、汤建华，师妹蒋楠楠都对我的学习和研究提供了无私的帮助，在此一并致谢。

李远华
2013 年 3 月于南湖听雨阁